DISSERTATION

SUR

LE TITRE X.

DES

COUTUMES GENERALES

ANCIENNES ET NOUVELLES

DU

DUCHE' DE LORRAINE.

DES DONATIONS

Entre - vifs , Simples , Mutuelles,
& à cause de Noces.

A NANCY,

De l'Imprimerie de J. B. Cusson , Imprimeur,
Libraire de S. A. R. sur la Place , au Nom de Jesus.

M. DCC XXV.
AVEC PERMISSION.

A
SON ALTESSE
ROYALE.

ONSEIGNEUR,

Quand les Conferences Académiques des Avocats suivans votre Cour
Souveraine, ont commencé ; qui auroit
crû qu'elles dussent s'attirer l'attention
de Votre Altesse Royale?
Mais Elle saisit avec empressement tout
ce qui a quelque rapport au bien & à l'utilité de ses Peuples ; & le Pere le plus

EPITRE.

tendre n'a ni plus de soin, ni plus d'empressemens pour ses enfans les plus chéris. Vous les avez approuvées, MONSEIGNEUR ; & VOTRE ALTESSE ROYALE les a honorées de sa protection: protection auguste & glorieuse ! Nous lui devons tout l'éclat de nos Assemblées, & tout les fruits que le Public en peut tirer. Aussi est-il juste, MONSEIGNEUR, que les prémices de ces fruits que j'ose Lui présenter, soient consacrez à VOTRE ALTESSE ROYALE.

D'ailleurs, pouvois-je me dispenser d'offrir à celui de tous les Souverains qui aime le plus à répandre des graces, un Discours où il n'est parlé que des Donations, & des Regles qui doivent y être observées ? Et n'encourrois-je pas les peines que la Coutume que j'explique, prononce contre les Ingrats, si je ne donnois à VOTRE ALTESSE ROYALE des marques publiques de la reconnoissance dont je suis particuliérement pénétré ?

Marques foibles, & peu proportionnées, des sentimens les plus vifs & les

EPITRE.

plus juftes! Mais, MONSEI-
GNEUR, nos forces ne fecondent pas
toujours notre zele. Si j'ofois fuivre les
mouvemens de celui qui m'anime, que
j'étallerois de merveilles aux yeux de
ceux qui liront ce petit Ouvrage? Ne
pourrois-je pas Vous reprefenter toujours Grand, toujours Magnanime,
toujours appliqué en Pere, à la felicité
de vos peuples? Mais MONSEI-
GNEUR, pour célébrer avec dignité
les vertus de Trajan, il faudroit avoir
l'éloquence de Pline; & mon zele ne me
doit pas fermer les yeux fur ma foibleffe,
ni me faire oublier que VOTRE ALTESSE
ROYALE n'aime les loüanges, que quand
Elle les donne. Je fuis avec un tres profond refpect,

MONSEIGNEUR,

DE VOTRE ALTESSE ROYALE,

Le tres - humble, tres - obeïffant,
& tres-fidele ferviteur & fujet,
BREYE.

PREFACE.

CETTE Dissertation est un fruit des Conferences Académiques, tenuës par Messieurs les Avocats de la Cour Souveraine de Lorraine & Barrois. Sur la fin des Vacations de l'an 1722, l'Auteur, qui en étoit alors Secretaire, comme il l'est encore, fut invité de distribuer des matieres à ceux qui voudroient s'en charger pour les premieres Assemblées d'aprés la S. Martin. Nancy étoit encore désert; & n'ayant trouvé personnes, qui se trouvât en état, ou plutôt qui voulût se donner la peine de les traiter en si peu de temps, l'Auteur prit lui-même le parti de se charger de l'explication de tout le Titre des Donations de la Coutume de Lorraine, où l'on en étoit alors. Il distribua sa matiere en sept parties. Dans la premiere, il expliqua la nature des Donations entre-vifs; combien de sortes il y en a, & en quoy elles different entre elles. Dans la seconde, il parla des personnes qui peuvent donner; dans la troisiéme des personnes, à qui l'on peut donner; dans la quatriéme, des biens que l'on peut donner; dans la cinquiéme, des formalitez qui doivent s'observer dans les Donations entre-vifs : dans la sixiéme, il expliqua de quelle nature sont les biens donnez; s'ils sont propres, ou acquêts aux Donataires; & dans la septiéme enfin, il finît par les causes qui peuvent donner lieu à la révocation des Donations entre-vifs. Il a retouché depuis son ouvrage, & l'a travaillé avec toute l'exactitude dont il est capable. Il y a gardé le même ordre; & il y a joint le Texte des Ordonnance, & les Arrêts de la Cour qui ont rapport à sa matiere. A-t-il réussi ? Il n'ose s'en flater, & craint bien des contradictions.

On sçait que nous n'avons déja que trop de livres ; beaucoup de mauvais, peu de bons, & beaucoup plus de médiocres que d'excellens. Personne n'ignore que Ricard a fait un sçavant Traité des Donations, & qu'il y auroit de la témérité, à croire que l'on pût donner quelque chose de nouveau sur cette matiere. Ricard, & tant d'autres Auteurs de réputation qui en ont écrit, l'ont épuisée : mais ils n'ont pas précisément travaillé pour nous. Leurs écrits ne sont point des Commentaires sur nos Loix municipales ; & ce n'est pas un petit ouvrage, que d'appliquer ou de rapprocher leurs maximes & leurs raisonnemens, aux dispositions de la Coutume de Lorraine, ausquelles ils n'ont point pensé, & qui souvent sont differentes de celles sur lesquelles ils ont travaillé.

L'Auteur de cette Dissertation n'a donc point prétendu encherir sur ces excellens modeles ; il n'a pas crû pouvoir rien dire de nouveau sur cette matiere ; il n'a songé qu'à faire une analyse , aussi exacte qu'il luy a été possible, de ce qu'ils ont dit de meilleur, & d'en faire une application juste aux differens textes de notre Coutume. Il a exactement étudié ces textes ; il a médité sur leur veritable sens ; & ce que ses méditations lui ont fourni de reflexions, il les a mises dans l'ordre qu'il a crû le meilleur ; dans la seule vuë de s'instruire , & d'être de quelque utilité à ceux de ses Confreres qui n'ont pas encore toute l'expérience des anciens , & qui n'ont pas eû le temps d'apprendre ce que l'on trouve dans le grand nombre de livres qui traitent des Donations entre-vifs.

L'Etude de la Jurisprudence est une vaste mer , remplie d'écueils, & sur laquelle les Pilotes les plus experimentez ont peine à se conduire , sans le secours d'une boussole exacte ; il faut y avoir navigé plus d'une fois , & l'avoir couruë pendant bien des années, avant que d'en sçavoir les routes, &

d'en découvrir les ports. Les anciens Avocats peuvent en connoître jusques aux rades les moins fréquentées : mais les jeunes ont besoin de guides;& ils ne pourroient, sans s'exposer à des naufrages certains, s'abandonner, sur leur experience seule, aux flots de cette Mer orageuse.

Ce n'est donc point pour ceux qui sçavent déja, que l'Auteur a prétendu travailler ; il est trop jeune pour se croire en état de donner des leçons à ses Maîtres : mais en cherchant une route pour lui-même, il s'est étudié à frayer un chemin à ceux qui commencent leur carriere : Trop heureux si ses veilles peuvent leur être de quelque utilité ; & si les critiques veulent bien considérer que le coup d'essai d'un Auteur, ne fut pas toujours un Chef d'œuvre.

*In Consuetudines Duc. Burgund. &c. Comment.
ampl. Bartholomæo Chassanæo, &c. in fol. Paris. 1552.*

*Renatus Chopinus de Privilegiis Rusticorum. in fol.
Paris. 1621.*

Traité des Secondes Noces, par Mᵉ Guillaume
de la Champagne, in 12. Paris. 1720.

Les Oeuvres de Mᵉ Guy Coquille. 2. vol. in fol.
Bordeaux. 1703.

Les Poësies de Madame Deshoullieres. 2. vol. in
8. Paris. 1707.

Les Loix Civiles dans leur ordre naturel, par Mᵉ
Domat. in fol. Paris. 1713.

*Prima Pars Commentariorum analyticorum in Con-
suetudines Parisiens. D. Caroli Molinæi. in fol. Paris.
1554.*

Les remarques d'Abraham Fabert sur les Coutumes générales de Lorraine. in fol. Metz. 1657.

Corps & Compilation de tous les Commentateurs, &c. sur la Coutume de Paris, par Mᵉ Claude
de Ferrieres. 4. vol. in fol. Paris. 1714.

*Syntagma Juris universi, &c. auct. Gregorio Tho-
losano. in fol. Francofurti ad Mœnum. 1591.*

*Hug. Grotius de Jure Belli & Pacis. 2. vol. in 8.
Amstel. apud Vaslein.*

Oeuvres de Mᵉ Claude Henrys, &c. 2. vol. in
fol. Paris. 1708.

Journal des Audiances, par Dufresne. 5. vol. in
fol. Paris. 1665.

Journal du Palais par Mʳᵉ Claude Blondeau &
Gabriel Gueret. 2. vol. in fol. Paris. 1713.

Coutumes du Bailliage de Troyes, avec les Commentaires de Mᵉ Louis le Grand. in fol. Paris. 1715.

Questions notables de Droit, décidées par plusieurs Arrêts. Par M. Claude le Prêtre, &c. aug-
mentées par Mᵉ Gueret. in fol. Paris. 1695.

Recueil de plusieurs Arréts notables du Parlement

de Paris , pris des Memoires de Mr Georges Louët;
avec les Commentaires de Me Julien Brodeau. 2.
vol. in fol. Paris. 1712.

Ordonnance de S. A. R. pour l'administration de
la Justice. in 8°. Nancy. 1725.

Les Commentaires sur la Loy *Si unquam, Cod.
de revocandis Donationibus,* par le Fils d'Etienne Papon , inserez dans les Notes de Gueret sur M^r le
Prêtre. cent. 2. ch.15. pag. 401. de l'Edit. de 1695.

Les Coutumes générales des Pays & Duché de
Berry, par Me François Ragueau. in fol. Paris 1615.

Traité des Donations entre-vifs , & Testamentaires , &c. par Me Jean-Marie Ricard. 2. vol. in
fol. Paris. 1713.

Quatre livres des Artêts & choses jugées , &c.
par Me Anne Robert , mis en François par M^e J.
Tournet. in 4°. Paris. 1627.

*Difficillima Juris feudalis Controversia , à Joan.
Rudingero.* in 8°. *Argentorati.* 1608.

Coutume du Bailliage de Senlis , par M. de S.
Leu. in 4°. Paris. 1708.

L. Annæus Seneca, à M. Ant. Mureto. in fol. 1594.

Nouveau Recueil d'Arrêts par Me Lucien Soefve.
2. vol. in fol. Paris. 1682.

Nouveaux Commentaires sur les Coutumes générales de Berry , par Me Gasp. Thaum. de la Thau-
massiere. in fol. Bourges. 1701.

Andrea Tiraquelli , &c. Commentarii in Legem Si
unquam , *C. de revocand. Donation. in fol. Lugd.*
1574.

Valerius Maximus Variorum. in 8. *Lugd. Batav.*
1670.

TITRE X.

DES COUTUMES GENERALES
Anciennes & Nouvelles du Duché de Lorraine.

Des Donations Entre-vifs, Simples, Mutuelles, & a cause de Noces.

ARTICLE I.

Toutes personnes qui sont en leurs droits & puissance, peuvent par Donation simple entre-vifs, disposer librement de tous leurs biens anciens & patrimoniaux, au profit de toutes personnes, voire de leurs enfans, pourvû que l'un desdits enfans ne soit plus avantagé que l'autre, hormis des maisons fortes, s'il y en a, comme sera dit expressément au Cayer des Coutumes nouvelles.

II. Mais en telles Donations simples de pure liberalité, si ce n'est en traité de Mariage, donner l'ancien en fond, & retenir l'usufruit, ne vaut : ains faut que le Donataire soit réellement & de fait jouïssant de la chose donnée, à peine de nullité de la Donation. Toutefois, en Donations simples de meubles & acquêts, donner & retenir vaut; & pour operer telle tradition, suffisent les clauses de constitut précaire, & retention d'usufruit.

III. Toute Donation peut être rescindée pour une ingratitude bien verifiée, ou autre cause legitime.

IV. Entre conjoints, les Donations mutuelles n'ont lieu ; toutefois le Marit peut valablement donner ses meubles & acquêts à sa Femme, comme sera dit au cayer des Coutumes nouvelles, & la récompenser sur son propre & naissant, du bien qu'il lui auroit vendu, ores qu'il ne fust obligé par Traité de mariage.

V. Donation d'immeubles faite à l'un des deux conjoints par le Pere, ou Ayeul, ou autre Parent, que pouvoit lui advenir par hoirie & succession *ab intestat*, lui tourne en nature de fond & bien ancien.

VI. Si Donation d'immeubles se fait par personnes de qui le Donataire ne pouvoit attendre telle succession *ab intestat*, cette Donation est réputée acquêt communicable à l'un & à l'autre des deux conjoints, s'il n'étoit dit expressément par la Donation, qu'elle doit demeurer propre au Donataire.

ARTICLE UNIQUE

Aux Coutumes nouvelles.

PAr Donation entre-vifs, on peut disposer de ses meubles & acquêts à sa Femme, à l'un ou plusieurs de ses Enfans, par préciput, ou par partage, à la volonté du Pere, ou de la Mere étant en ses droits & puissances, ou à tous autres generalement.

APPROBATION.

J'Ay lû par ordre de S. A. R. cette *Dissertation sur le Titre Dix des Coutumes generales anciennes & nouvelles du Duché de Lorraine, touchant les Donations entre-vifs, Simples, Mutuelles, & à cause de Noces.* J'en ai trouvé l'ouvrage solide & instructif; & l'Auteur, en le continuant sur les autres Titres de la même Coutume, rendra un service important au Bareau. A Nancy ce 2. Juillet 1725.

Signé, BOURCIER DE MONTUREUX.

DISSERTATION

DISSERTATION
SUR LE TITRE X.
DE LA
COUTUME DE LORRAINE,
DES DONATIONS ENTRE-vifs, Simples, Mutuelles, & à cause de Nôces.

CHAPITRE PREMIER.

Ce que c'est que Donations Entre-vifs ; combien de fortes il y en a, & leurs différences.

SECTION I.

Des Donations en general, & de leur définition.

I. IL eſt aſſez difficile de donner une définition juſte & préciſe de la Donation priſe généralement, & dans toute l'étenduë de ſa ſignification. Le Droit Ro-

A

main appelle Donation , ce qui est donné , sans que la Loy contraigne de donner : *Donari videtur , quod nullo jure cogente conceditur* (a).

II. Mais cette définition est plutôt celle de la Donation simple, que celle de la Donation, prise en général & dans toute la force de la signification de ce mot. En effet , la Donation simple est seule une pure libéralité, que nous exerçons sans contrainte, en faveur des personnes que le sang ou l'amitié nous rendent chéres : tout ce que nous donnons par d'autres motifs, n'est point, à proprement parler , une Donation , quoi qu'on l'honore de ce nom ; c'est plutôt un payement , une reconnoissance, une récompense des obligations que nous avons contractées, par les bons offices que nous avons reçus, & par les services qu'on nous a rendus ; les ames généreuses se faisant une

______

(a) *Leg.* 82. *ff. de regul. juris , & Leg.* 29. *ff. de Donat.*

véritable obligation des sentimens que la reconnoissance leur inspire.

III. Les Docteurs ont differemment défini la Donation : mais leurs définitions tombent sur les espéces particulieres de Donations, dont ils ont traité. Mais qu'importe comme on la définisse, pourvû que l'on entende ce que signifie le mot qui l'exprime, & que l'on conçoive qu'il comprend toutes les especes de Donations : celles qui n'ont pour origine que la pure libéralité ; celles qui tirent leur source de la reconnoissance ; celles dont la réciprocité & l'interêt sont l'ame & l'objet, & généralement tout ce que l'on donne, dans quelque vuë que ce soit, pourvû qu'on ne soit point contraint ou obligé de donner, & que le don parte d'un mouvement libre, & indépendant de la Loy ?

IV. Il seroit assez inutile aussi de sçavoir d'où vient le mot, *Donation.* Je laisse aux Grammairiens & aux Critiques le soin d'en chercher l'étymologie : ces sortes de recherches exigent du temps à perdre ; elles n'ont souvent aucun fondement certain, & elles n'existent guéres que dans l'imagination de ceux qui y travàillent.

V. Par la même raison, je passerai sur l'origine des Donations, & je n'irai point rechercher si elles sont aussi anciennes que les hommes; si l'on en trouve des traces dans les Histoires des temps les plus reculez; si les Hébreux, les Egyptiens, les Perses & les Grecs les ont connuës; si les Romains en ont porté l'usage dans les Gaules, & si les François & les Germains l'ont pris des Gaulois : cette discution seroit tres curieuse sans doute : mais quel rapport auroit-elle avec nos exercices ? Quel usage en pourrions-nous faire au Barreau? Je passe donc à la division des Donations entre-vifs, & à leurs differences.

SECTION II.

Combien il y a de sortes de Donations Entre-vifs, suivant notre Coutume.

§. I.

De la Donation Simple.

I. NOTRE Coutume nous propose trois sortes de Donations entre-vifs ; les Simples, les Mutuelles, & les Donations à cause de Noces (*b*).

La Donation Simple est définie en la Loy première aux Digestes *de Donationibus. Ea est,* dit-elle, *quæ fit à vivente, & eâ mente, ut ita accipientis fiat, quòd nullo modo per dispositionem contrariam revocetur.* Me Jean-Marie Ricard (*c*) se déclare pour cette définition : mais il convient qu'elle n'est point juste, & qu'il seroit difficile d'en trouver une exacte dans le Droit.

(*b*) Rubrique du Titre 10. de la Donation Simple.

(*c*) Traité des Donations entre-vifs & testament. Part. I. ch. I. nomb. 16. tom. I. p. 4.

II. Domat (*d*) la définit, » un Con-
» tract qui fe fait par un confente-
» ment réciproque entre le Donateur,
» qui fe dépouille de ce qu'il donne,
» pour le tranfmettre gratuitement au
» Donataire ; & le Donataire, qui ac-
» cepte & qui acquiert ce qui lui eft
» donné.

III. Cette définition donne une
idée affez jufte & affez claire de la
Donation Simple : elle eft fondée,
dans toutes fes parties, fur differentes difpofitions du Droit Romain (*e*).

IV. Mais fi l'on en veut une plus
fimple, on pourra définir la Donation
Simple, une pure libéralité, que nous
exerçons fans contrainte envers les
perfonnes que le fang ou l'amitié nous
rendent chéres. Ou, fi l'on veut, la
Donation Simple eft ce qui part de
la pure libéralité, fans contrainte de

(*d*) Dans fes Loix Civiles, Liv. 1. tit. 10. fect. 1.
fomm. 1. p. 102.
(*e*) §. 2. *Inftitut. de Donat. Leg. 1. ff. tit. Leg.*
7. *Cod. de bis qua vi metûfve causâ fiunt.*

la Loy. *Illud dicitur donatum, quod nullum jus cogit dare* (f).

§. I I.

Du Don Mutuel.

I. LEs Donations Mutuelles sont de deux especes : celles qui se font entre le Mari & la Femme ; & celles qui se font entre deux ou plusieurs personnes parentes, ou amies.

II. La premiére de ces especes peut se définir : ›› Une libéralité réciproque, ›› qui se fait entre le Mari & la Fem- ›› me au profit du survivant, selon les ›› formalitez requises par les Loix, ou ›› par les Coutumes qui la permet- ›› tent.

III. La seconde espece de Dona- nations Mutuelles, est de même ›› une ›› libéralité qui s'exerce entre deux ou ›› plusieurs personnes, au profit de ›› celle qui survit.

IV. Notre Coutume n'admet que celles de cette derniere espece, puis-

______

(f) *Sentent. Legis 82. ff. de regul. jur.*

A iiij

que par l'Article IV. de notre Titre, elle réprouve celles qui se font entre le Mari & la Femme.

V. Le Don Mutuel n'est point, à proprement parler, une Donation. L'un & l'autre des Contractans sont réputez Donateurs & Donataires. C'est le jour du décés du premier mort, qui donne à l'un la qualité de Donateur, & à l'autre celle de Donataire. Tous deux ont un avantage mutuel & réciproque, fondé sur l'esperance de survivre ; l'intention de chacun des contractans n'est pas d'exercer sa libéralité ; il n'a d'autres vuës que de tirer seul le profit de sa convention. Enfin la Donation Mutuelle est un Contract onéreux, qui ne peut être réputé lucratif ; & le survivant tient bien moins les biens qu'il acquiert, de la libéralité du prédécedé, que de la convention par laquelle il a bien voulu courir le hazard de faire passer ses biens à son Co-donateur, dans l'esperance de profiter lui-même des biens de ce dernier.

VI. Toutes ces proprietez du Don Mutuel sont absolument opposées à celles de la Donation Simple, & constituent la difference entre l'une & l'autre.

§. III.

De la Donation à cause de Noces.

I. LA Donation à cause de Noces, est une libéralité, qui se fait en considération d'un mariage futur, & qui a ce mariage pour cause & pour objet.

II. Cette Donation est conditionnelle, & présuppose la conclusion du mariage, en considération duquel elle est faite, & sans lequel elle ne seroit point faite.

III. Elle se fait ordinairement en compensation, ou de la dot, que la femme apporte en mariage, ou du doüaire que le Mari lui donne, ou du plus de biens que l'un des deux apporte.

IV. On sent assez en quoi elle dif-
fere des autres Donations, & sur-tout
des Donations Simples. Je remarque-
rai seulement, que leur principale difference consiste, en ce que les Donations à cause de Noces dépendent de
l'événement d'une condition, qui n'est
autre que la conclusion du mariage;
ce qui ne se trouve point dans les Donations Simples.

SECTION III.

*Des autres especes de Donations, dont
la Coutume ne parle point.*

§. I.

*Des Donations rémunératoires, oné-
reuses, & conditionnelles.*

I. A Ces trois especes de Donations, on peut encore en ajouter d'autres: les Donations rémunera-
toires; les Donations onéreuses, autres que les Dons Mutuels; & les Donations conditionnelles, autres que
celles à cause de Noces.

II. La Donation rémuneratoire est celle qui approche le plus des Donations Simples, quoi qu'à proprement parler, elle ne soit point une Donation : c'est un acquittement, s'il est permis de se servir de ce terme, des obligations que nous avons aux personnes qui nous ont rendu des services.

III. Les Donations conditionnelles & les Donations onéreuses ne sont point non plus de veritables Donation ; on ne leur donne ce nom, sans doute, que parce que celui qui donne, n'est point obligé de donner, au moment même de la convention, mais seulement aprés l'événement de la condition, ou l'exécution de la charge imposée.

La Donation conditionelle est donc purement une libéralité dans son commencement, parce que rien n'oblige à la faire : mais elle change, pour ainsi dire, de nature par l'événement de la condition ; & de libéralité qu'elle étoit d'abord, elle devient une véritable obligation ; & c'eſt en cela que conſiſte la difference de la Donation conditionnelle, & des autres Donations.

IV. La Donation onéreuſe eſt ce que les Loix Romaines appellent *Do ut des*, *do ut facias*. De toutes les Donations, celle-ci mérite le moins le nom de Donation. Peut-on dire en effet, que l'on donne, quand on ne le fait qu'à charge qu'on nous rendra l'équivalent de ce que nous donnons ?

§. II.

Difference des Donations Entre-vifs, & des Donations à cauſe de mort.

I. ENfin je crois devoir obſerver, que les Donations Entre-vifs ſont celles qui ont leur effet pendant la vie du Donateur ; & par là elles different des Donations à cauſe de mort, qui n'ont leur effet qu'aprés le décés du Donateur.

II. Les Donations Entre-vifs different encore des Donations à caufe de mort, en ce que celles-là font des conventions qui fe paffent entre les Donateurs & les Donataires, ce qui les rend irrévocables; & que celles-ci font des difpofitions de la même nature que toutes les autres ordonnances teftamentaires, qui dépendent u-niquement de la volonté de ceux qui donnent: auffi font-elles révocables.

III. D'ailleurs, celui qui donne entre-vifs, fe dépouille lui-même de ce qu'il donne, & le transfére au Do-nataire, qui en devient maître fur le champ; & celui qui ne donne qu'à caufe de mort, aime mieux garder que de fe dépouiller; il demeure juf-qu'à fa mort propriétaire de ce qu'il donne, & conferve le droit d'en pri-ver le Donataire, & d'en difpofer à fa volonté. En un mot, la Donation entre-vifs dépouille le Donateur, & la Donation à caufe de mort ne dé-pouille que l'héritier.

§. III.

Des Démissions.

I. **M**Ais la démission faite en faveur des heritiers préfomptifs, eſt-elle une Donation entre-vifs, irrévocable, ou une Donation à cauſe de mort, révocable à volonté?

II. Cet Acte eſt tres fréquent ; & le repentir qui le ſuit d'ordinaire, entraîne à ſa ſuite l'animoſité, la haine & les procés; ce qui le rend une des matieres les plus intéreſſantes du Barreau.

III. La démiſſion n'eſt point proprement une Donation entre-vifs; puiſque la Cour a jugé pluſieurs fois qu'elle étoit révocable, comme les diſpoſitions teſtamentaires. Ce n'eſt point auſſi une Donation à cauſe de mort, puiſqu'elle a un effet preſent, & qu'elle n'eſt point ſujette aux formalitez teſtamentaires. Mais comme elle participe de l'une & de l'autre, j'en dirai ici deux mots, ſeulement

pour faire connoître sa nature, &
quels en sont les principes; réservant
à dire un mot de sa révocabilité, dans
la derniere partie de cette Dissertation. Ceux qui voudront s'instruire
de cette matiere plus à fonds, pourront consulter les Auteurs citez ci-
dessous (*g*), & que je n'ai point trouvé
à propos de copier, parce qu'ils sont,
ou qu'ils doivent être entre les mains
de tout le monde.

IV. La démission de biens est un
acte, par lequel on abandonne, par
une anticipation de succession, à tous
ses héritiers présomptifs la simple proprieté, ou le seul usufruit, ou la pleine

(*g*) Voyez Ricard des Donat. tom. 1. p. 222. Dumolin *in Consuetud. Paris.* Des Fiefs. § 26. *n. 1.*
Le Journal du Palais, tom. 1. p. 113. & suiv. L'Art.
17. de la Cout. de Nivernois, & Coquille sur cet
Art. Auzanet sur l'Art. 274. de la Cout. de Paris.
Ferriere sur l'Art. 277. de la même Cout. tit. 13.
glos. 2. n. 35. & suiv. p. 1367. Le Grand sur l'Art.
49. de la Cout. de Troyes, p. 206. Mais sur-tout
voyez le Brun Traité des Successions Liv. 1. ch. 1.
sect. 5. où il traite la matiere avec sa pureté & sa
solidité ordinaires; il ne laisse rien à desirer, & l'on
se fait gloire d'avouer que l'essentiel de ce qui est
dit ici, en est tiré.

proprieté & l'usufruit de la totalité ou d'une partie de ses biens, sous telle condition qu'on veut imposer.

V. L'Histoire nous fournit plusieurs exemples illustres de ces sortes d'Actes. Ils sont citez la plupart dans le Traité des Successions de Me Denys le Brun (*h*); & il n'eût pas oublié, sans doute, s'il eût été de nos jours, l'exemple généreux qu'en a donné Philippe V. Roy des Espagnes, que nous venons de voir remonter sur un Trône dont il s'étoit démis, par la mort de Louis I. son Fils & son Démissionnaire (*i*).

VI. La démission ne peut se faire qu'en faveur de tous les héritiers présomptifs, & elle ne peut être faite au profit d'un héritier naturel, à l'exclusion des autres. Si elle se trouve faite dans ce dernier cas, ce n'est plus une démission, c'est une véritable Donation entre-vifs.

(*h*) Voyez le Brun *loc. citat.*

(*i*) On en peut citer encore d'autres qui ont été oubliez par le Brun, &c. Voyez Tillemont, sous Nerva & Dioclétien.

VII. Aussi, quoi qu'une Donation faite entre tous les enfans, & les autres héritiers présomptifs, sans choix ni prédilection, soit qualifiée entre-vifs, elle est toujours jugée une simple démission de biens; parce que la qualité des Actes dépend de l'intention des Parties, plutôt que de la dénomination qu'elles affectent de leur donner.

VIII. De ces principes, il faut conclure, qu'un pere ne peut se démettre de tous ses biens en faveur de son petit-fils, si le pere de celui-ci n'est point mort, à moins qu'il n'exhérede ce dernier pour de justes causes.

IX. Et par la même raison que les peres & meres peuvent faire démission de leurs biens au profit de leurs enfans; celui qui n'a point de posterité, peut faire la même chose au profit de ses héritiers collatéraux, pourvû qu'il ne change rien à l'ordre naturel, & qu'il laisse ses biens à tous ceux que la Coutume y appelle. On sent assez,

B

sans doute, les conséquences qui suivent de ce principe (*k*).

X. Du reste, la démission diffère de la Donation simple entre-vifs, 1°. En ce qu'elle est révocable, ainsi qu'on le dira plus bas. 2°. Parce qu'elle doit être faite au profit des heritiers présomptifs, & non d'autres. 3°. En ce que suivant la Jurisprudence de France, elle n'est point sujette aux formalitez des autres Donations.

XI. Chez nous il n'en est pas de même. Les démissions, sur-tout celles qui font faites avec rétention d'usufruit, font astreintes à l'insinuation, ainsi qu'il est expressément porté par l'Art. III. de l'Edit du mois de Decembre 1718. D'ailleurs, nos Ordonnances déclarent nuls tous les Actes translatifs de propriété, qui ne sont point passez par devant Notaires ou Tabellions (*l*). Que les démissions soient de la nature de ces Actes, on ne doit

<hr>

(*k*) Voyez le Brun *loc. citat.*
(*l*) Déclaration de S. A. R. du 27. Juillet 1719.

point le révoquer en doute : ainsi cette formalité leur est commune avec
les Donations entre-vifs.

XII. On doit dire encore, qu'elles
doivent être controllées ; & l'on pourroit même ajouter, que les démissions
sont sujettes à l'acceptation & à la
translation, puisque sans l'une & sans
l'autre, on ne peut pas dire que cet
Acte soit parfait.

Tout ce que j'ai dit jusqu'ici, paroî-
tra peut-être de peu de conséquence, ou même inutile, à bien des gens :
mais j'ai crû devoir le faire, pour suivre l'ordre que je me suis prescrit, &
parce que je suis persuadé que pour
bien parler d'une chose, il faut absolument en connoître la nature & les
qualitez.

CHAPITRE II.

Des personnes qui peuvent donner, &
de celles ausquelles les Donations
sont interdites.

SECTION I.

Des personnes qui peuvent donner.

I. APRE'S avoir donné une idée générale des differentes especes de Donations entre-vifs, je dois parler des personnes qui peuvent donner, & de celles ausquelles la Donation entre-vifs est interdite.

II. Par l'Article I. de notre Titre, » Toutes les personnes qui sont en » leurs droits & puissance, peuvent, » par Donation simple entre-vifs, dis- » poser de tous leurs biens «. Voyons quelles sont ces personnes.

III. L'Article 15. du Titre I. de notre Coutume les indique, en ces termes : » Celles qui sont en leur puis- » sance, sont les Peres, les Femmes

” veuves, les Fils mariez, foit mineurs
” ou majeurs, & autres âgez de vingt
” ans complets.

IV. Les perfonnes au contraire qui ne font point en leur puiffance, font les Femmes mariées, les Enfans de famille, les Mineurs, & ceux qui font réputez tels ; ainfi qu'il eft porté en l'Article 16. du même Titre.

V. Ceux qui font réputez Mineurs, quoi que Majeurs, ou mariez, font les furieux, les infenfez, & les prodigues. Telle eft la difpofition de l'Article 17. au même endroit.

VI. De ces textes divers de la Coutume, nous aurions dû conclure, que les Peres, les Femmes veuves, les Fils de famille mariez, âgez ou non de vingt ans, & les autres perfonnes ayant vingt ans complets, & qui ne font ni furieufes, ni infensées, ni prodigues, font les feuls qui peuvent donner entre-vifs , parce que ce font les feuls qui foient en leur puiffance ; & qu'au contraire les Femmes mariées, les En-

fans de famille qui ne font point mariez, ou qui n'ont pas vingt ans complets; les Mineurs, & ceux qui font
réputez tels, ne peuvent faire des Donations entre-vifs.

VII. Mais cette Jurifprudence,
fondée fur la difpofition de notre Coutume, a été en partie abrogée par l'E-
dit du 8e de Mars 1723, qui fixe la
majorité à vingt-cinq ans (*m*). J'en parlerai plus au long ci-aprés, fous l'Article des Mineurs, & je viens aux perfonnes qui ne peuvent donner.

SECTION II.

Des perfonnes interdites par la Coutume.

§. I.

Des Femmes mariées.

I. **L** Es foibleffes du fexe ont porté
les Légiflateurs à ôter aux Femmes mariées la liberté de difpofer de
leurs biens entre-vifs. Ils ont craint

____

(*m*) On trouvera cet Edit à la fin de cette Differtation.

leur penchant vers la tendresse, leur sensibilité à contre-temps, leur trop grande crédulité, les bornes de leurs lumieres, la haine qui les obsede si aisément, & le desir de la vengeance, dont il est rare qu'elles soient maîtresses. Ils ont prévû que s'ils les abandonnoient à elles-mêmes ; victimes de tant de passions differentes, elles sacrifieroient indifferemment aux mouvemens qui les agitent, les dotes qu'elles auroient euës de leurs Peres, & les biens que leurs Parens leur auroient laissez ; & qu'en se dépouillant ainsi, elles ruïneroient leurs familles, pour enrichir des étrangers, & souvent des gens qui par trop d'abondance, méritent le moins d'être enrichis.

II. Mais ces sages Législateurs ont eu particuliérement en vuë les interêts du Mari. Tant que la Communauté dure, il en est le maître absolu ; & la femme n'y a qu'une esperance (*n*). Si elle a

____

(*n*) Art. 7. du Tit. II. de la Cout. aux anciennes.

des biens propres, les Loix en ont donné le produit au Mari (*o*), tant pour subvenir aux néceffitez de la famille, & pour foutenir les charges du Mariage, que pour le récompenfer en quelque maniere, des foins & des travaux que lui coûte la confervation de ces biens. La Donation entre-vifs a donc été interdite à la femme, afin qu'elle ne s'apprauvrît point, & que fes biens reftaffent en entier, tant que le mariage fubfifteroit (*p*) *.

III. De là cette maxime inconteftable, que la Donation entre-vifs, faite par la femme, eft nulle de plein droit, non feulement pour elle, mais encore pour fes héritiers (*q*) aprés la diffolution du mariage.

IV. Mais cette maxime reçoit deux

(*o*) Art. 8. du même Tit.

(*p*) *Leg. Ubi. Cod. de jure dotium*, où il eft dit : *Vivente marito, nullam licentiam habeat res eas alienandi.*

(*) Il y a encore une autre raifon rapportée ci-deffous, au §. 7.

(*q*) M. Louët Lett. H. fomm. 14. *& ibi.* Brodeau, tom. 1. p. 773.

exceptions. Car, 1°. la Donation est valable, si elle est faite du consentement du Mari, & ensuite de l'autorité expresse qu'il a donnée à sa femme de la faire (*r*). 2°. Si elle a été autorisée par son Contract de mariage, à disposer entre-vifs de telle ou telle chose, en faveur de qui bon lui semblera, elle peut le faire par Donation entre-vifs, & elle n'a plus besoin d'une nouvelle autorisation de son Mari, dont le consentement spécial pour la validité de l'Acte, n'est plus necessaire (*s*); parce que les Contracts de mariage sont des Loix de famille inviolables, qui obligent tous ceux qui s'y sont assujettis ; & le Mari y ayant autorisé sa femme, ne peut empêcher l'effet de cette autorisation, par un refus posterieur, s'étant imposé une loy, qu'il n'a plus la liberté de révoquer.

V. Mais une femme separée de biens, peut-elle, sans l'autorité expresse

(*r*) Voyez les Articles citez , & differens Auteurs qu'il seroit inutile de rapporter.
(*s*) Voyez M. le Prestre , Cent. 2. ch. 20. p. 451.

de son Mari, faire une Donation entre-vifs?

Il semble d'abord, que la separation brise les liens qui tenoient la femme sous la puissance son Mari, & qu'-
elle la met en droit de disposer des
biens dont la Justice a interdit l'administration à celui-ci : aussi la Coutume de Paris, & plusieurs autres, ad-
mettent-elles deux cas, dans lesquels
la femme se peut valablement obliger sans l'autorité de son Mari : sçavoir, lorsqu'elle en est separée de biens,
& la separation executée, & lorsqu'elle est Marchande publique.

VI. Mais il n'en est pas de même
dans notre Coutume, qui n'admet
que le dernier cas : encore, la Marchande ne peut-elle s'obliger, suivant
l'Article 21. du Titre I. que pour le
seul fait de la marchandise publique
qu'elle exerce. Dans tous les autres
cas, cet Article interdit à la femme
la disposition de ses biens, soit par
Contract entre-vifs, soit par autres

actes, quels qu'ils soient, sans l'autorité expresse de son Mari (*t*). Sa difposition est générale & négative, &
rend nulles toutes les Donations entre-vifs, que la femme separée de biens
pourroit faire, sans y être autorisée
par son Mari.

VII. Cette maxime est d'autant
plus vraye, que dans les Coutumes
qui permettent à la femme separée
de biens, de s'obliger sans l'autorité
de son Mari ; l'engagement qu'elle
peut contracter, ne s'entend que d'u-
ne simple obligation, qui n'emporte
point l'aliénation de ses immeubles,
suivant le texte de la Loy *Ubi Cod. de
Jure dotium*, qui a servi de fondement
à plusieurs Arrêts rapportez par les
Commentateurs de ces Coutumes (*u*).

(*t*) Femme mariée ne peut disposer de ses biens,
soit par Contracts entre-vifs, ou ordonnance de
dernière volonté, ni ester en Jugement, contracter, ou s'obliger valablement, sans l'autorisation
de son Mari, si elle n'exerce Marchandise publique,
au vû & sçû d'icelui, & pour le fait de ladite Marchandise seulement, &c. *Art. 21. Tit. I.*

(*u*) Voyez les nouvelles Remarques sur M. le
Prestre, Cent. 2. ch. 20.

§. II.

Des Fils de famille.

I. DEux raiſons principales empê-
chent de même, à mon ſens,
le Fils de famille de donner entre-
vifs : ſon propre interêt , & celui de
ſon pere (*).

II. Son interêt lui interdit la diſpoſition entre-vifs, des biens qu'il peut
avoir ; parce qu'étant dans un âge tendre & foible, il ne peut diſtinguer ce
qui lui eſt avantageux, de ce qui lui
eſt nuiſible , & qu'on peut aiſément
le ſurprendre. D'ailleurs cet âge eſt
celui des plaiſirs & des divertiſſemens ;
l'on ſçait ce qu'ils coûtent à ceux qui
s'y livrent ; & qu'il eſt aſſez rare que
l'homme au deſſous de vingt-cinq
ans, ne s'en laiſſe point séduire.

III. L'interêt de ſon pere ; parce
qu'ordinairement celui-ci a l'uſufruit
des biens qui peuvent avoir été donnez à ſon fils, ou dont il a hérité.

(*) Voyez ci-aprés au §. 7.

IV. Mais si le Fils de famille s'est fait un pécule par son industrie, soit en suivant les Armes (*x*), soit en cultivant les Muses, ou par son travail (*y*); alors il peut en disposer par Donation entre-vifs. La Loy 7. §. *ult. D. de Donationibus*, y est expresse. Telle est, dit-elle, la condition de ceux qui ont un pécule *castrense*, ou *quasi-castrense*, qu'ils peuvent le donner à cause de mort, ou par toute autre Donation, puisqu'ils ont la faculté de tester (*z*).

V. Notre Coutume, il est vrai, n'a point de pareille disposition : mais par l'Art. 5. du Titre des Testamens, aux nouvelles, » Les Fils de famille suivans la » Guerre, ou bien par autres moyens, » ayant acquis quelques biens par leur » industrie, peuvent valablement en » disposer par testament, encore qu'ils

(*x*) *Peculium castrense.*

(*y*) *Peculium quasi-castrense.*

(*z*) *Cæterùm, qui habent castrense peculium, vel quasi-castrense, in ea conditione sunt, ut donare mortis causâ, & non mortis causâ possint, cùm testamenti factionem habeant.*

» foient fous la puiffance paternelle,
» & au deffous de la majorité com-
» plete.

VI. Et par un argument tres fenfible, tiré de la Loy citée, fi les Fils de
famille peuvent par teftament difpofer de leur pécule, ils peuvent à plus
forte raifon le donner entre-vifs ; parce que celui qui peut plus, peut moins ;
& les Loix, tant Romaines que Coutumieres, n'ont fait, par ces difpofitions, que confirmer la liberté que le
droit naturel & la droite raifon ont
laiffée à un chacun, de difpofer de ce
qu'il ne doit qu'à lui-même ; elles ont
crû devoir accorder cette récompenfe à une œconomie précoce ; elles
l'ont confiderée comme le moyen le
plus fûr d'exciter à de nouveaux travaux, & à fe mettre enfin en état de
fervir utilement la République.

§. III.

Des Mineurs en general.

I. PAr les mêmes raifons que ni les
Femmes ni les Fils de famille ne

peuvent donner entre-vifs, les Mineurs font aussi incapables de disposer de leurs biens par ce moyen. La foiblesse de leur âge & de leurs lumieres, le peu d'étenduë de leurs connoissances, leur facilité, leur crédulité, les piéges & les circonventions, toutes ces considérations, & d'autres encore (*), leur ont fait interdire l'administration de leurs biens, & ne leur permettent pas de contracter, de quelque maniere que ce soit (*), & par conséquent de donner entre-vifs.

Par l'Article 15. du Tit. I. de notre Coutume, la majorité étoit ci-devant acquise à l'âge de vingt ans complets ; toute personne qui avoit atteint cet âge, pouvoit disposer de ses biens par Donation entre-vifs : mais l'Edit du 8e Mars 1723, a changé ce droit, en fixant la majorité à vingt-cinq ans accomplis.

II. Ce n'est point ici le lieu d'en-

(*) Voyez le §. 5. de cette Section.
(*) Art. 13. Tit. 4. de notre Coutume.

trer dans les fages motifs de cet Edit,
j'en parlerai ailleurs: je me contenterai
de faire quatre remarques effentielles,
qui ont un rapport abfolu avec la matiere que je traite.

II. La premiere, qu'aujourd'hui il n'y
a que les Majeurs de vingt-cinq ans
accomplis, & qui ne font ni fous la
puiffance d'autrui, ni furieux, ni infenfez, ni prodigues, qui puiffent donner entre-vifs.

III. La feconde, qu'encore que les
Fils & Filles mariez, de même que
les perfonnes veuves, qui n'ont point
vingt-cinq ans accomplis, foient réputez émancipez, & jouiffent de leurs
droits; ils ne peuvent néanmoins, a-
vant l'âge de vingt-cinq ans accomplis, aliener leurs biens immeubles,
ou autres ftipulez propres, fans le confentement de leurs Peres & Meres,
ou de leurs Tuteurs & Curateurs, &
qu'ils n'y foient autorifez par Monfieur le Procureur Général, ou par fes
Subftituts, & par quatre de leurs Parens,

rens, deux paternels & deux maternels.

Mais ils ne peuvent, même avec
toutes ces formalitez, donner leurs immeubles, & choſes ſtipulées propres
entre-vifs, quoi qu'ils puiſſent aliéner;
parce que les Loix ont réprouvé toutes
les Donations faites par les Mineurs,
etiam cum decreto (*). Il ne leur eſt
pas permis de perdre avec formalité,
& ils ne peuvent donner ſans perdre.
De ſorte que dans les Donations entre-vifs par eux faites, il n'eſt pas même neceſſaire d'entrer en connoiſſance de cauſe, & de ſçavoir s'ils ont gagné ou perdu (*b*), s'ils ſont lezez ou
non; il ſuffit qu'ils ayent donné, pour
être reſtituez.

IV. La troiſiéme, que l'Edit n'in-
terdiſant à ces perſonnes que l'aliénation de leurs biens immeubles,& de

______

(*) *Leg. ult. Cod. Si major factus alienat. fact. ſine
decreto rat. habuer.*

(*b*) *Donare eſt perdere; & qui non poteſt aliena-
re, non poteſt dare. L. 163. & 165. ff. de reg. jur. &
L. 4. Cod. de præd. & al. reb. min. ſine decr. non alien.*

C

ceux qui sont stipulez propres, elles peuvent donner entre-vifs leurs meubles, & choses réputées meubles; parce que la défense de la Loy ne doit point s'étendre aux cas qui n'y sont point exprimez.

V. La quatriéme enfin, que les Donations entre-vifs, qui peuvent avoir été faites par des Majeurs de vingt ans accomplis, avant la plublication de l'Edit, sont valables, & doivent avoir leur effet, si elles sont revêtuës des autres formalitez prescrites par la Coutume & par les Ordonnances; parce que l'Edit n'a point dérogé à la majorité coutumiere, acquise avant sa publication.

§. IV.

Des Donations à cause de Noces, faites par les Mineurs.

UN Mineur ne peut-il pas donner à cause de noces?

I. On pourroit dire que ces sortes de Donations sont nulles, comme toutes les autres, par plusieurs raisons, autres que les générales dont il vient d'être parlé.

II. Suivant la Loy 12. *C. de Prædiis, & aliis reb. min. &c.* il n'est permis de vendre les immeubles des Mineurs, situez hors du territoire de Rome, même avec connoissance de cause, & permission du Juge, que pour payer leurs detttes ( ) ; d'où l'on conclut, qu'ils ne peuvent donner, pour quelque cause que ce soit.

III. Aussi a-t-il été expressément décidé en la Loy *Prædia 8. eod. tit.* qu'en vertu d'une Donation à cause de Noces, faite par un Mari mineur à sa femme, la proprieté de la chose donnée n'avoit pû passer à celle-ci, à cause de l'interdit où sont les Mineurs de donner, & que la chose donnée étoit restée en la jouissance du Mari (*d*).

(*c*) Ob æs alienum tantùm, causâ cognitâ præsidiali decreto, prædium rusticum Minoris provinciale distrahi permittitur. *L. 12. C. de præd. & al. reb. min. &c.*

(*d*) Prædia rustica, quæ contra senatus-consul-

IV. La Loy *Si ex cauſa*, §. *In dotis D. de minoribus* , décide de même, qu'une femme eſt reſtituable, ſi elle a donné en dot tout ſon patrimoine, ou au delà (*e*). C'eſt encore la déciſion formelle de la Loy *Sive generalis*, *D. de jure dotium*, qui porte que ſi le Curateur général , ou ſpécial de la femme, a promis en dot au delà des facultez de la femme, cette promeſſe eſt nulle de droit (*f*).

V. Ferriere (*g*) aprés Charondas, fondé ſur la diſpoſition de ces deux der-

tum data eſſe ante nuptias , ſponſaliorum nomine , precum tuarum confeſſio oſtendit : cùm proprietas ad te propter juris interdictum tranſire non potuerit , in dominio mariti permanſiſſe palam eſt. *L. Prædia 8 C. eod. tit.*

(*e*) In dotis quoquo modo mulieri ſubvenitur, ſi ultra vires patrimonii vel totum patrimonium circumſcripta in dotem dedit. *L. Si ex cauſa. §. In dotis. ff. de minor.*

(*f*) Sive generalis curator , ſive dotis dandæ cauſâ conſtitutus ſit , & ampliùs dotis promiſſum ſit, quàm facultates mulieris valent ; ipſo jure promiſſio non valet , quia lege rata non habetur auctoritas dolo malo facta, &c. *L. Sive generalis. ff. de jure dot.*

(*g* Sur l'Art. 272. de la Cout. de Paris Gl. 1. n. 16. & ſuiv. tom. 3. p. 1168.

nieres Loix, foutient »» qu'un Mineur
»» ne peut donner par Contract de
»» mariage , que fes meubles , ayant
»» vingt ans accomplis. (Le Mineur
eft émancipé à cet âge en la Coutume de Paris); mais qu'il ne peut don-
»» ner fes immeubles ; par la raifon que
»» donner, c'eft aliéner ; & que le Mi-
»» neur ne peut aliéner fes immeubles,
»» par quelque maniere que ce foit, fans
»» fans neceffité, & fans les formalitez
»» requifes.

V I. Cet Auteur appuye encore fon
fentiment de l'autorité de M. d'Argentré fur l'Article 220 (*h*) de la Coutume de Bretagne. L'Article porte
que »» l'homme peut donner à fa fu-
»» ture époufe, ou la femme à fon fu-
»» tur époux, le tiers de fon heritage »».
Et M. d'Argentré (*i*) dit qu'il faut ex-

(*h*) Il y a faute dans Ferrieres , qui cite mal l'Art.
225. c'eft l'Art. 220. Il a encore mal rapporté les
termes de M. d'Argentré , il faut les lire comme
ci-deffous.

(*i*) Ab hac difpofitione excipiendi funt minores,
qui ne matrimonii quidem fui caufâ poffunt do.

cepter de la disposition de cet Article,
les Mineurs, qui ne peuvent pas même donner à cause de noces, ni con-
stituer de dot.... Car il ne faut pas
conclure, de la capacité qu'ils ont de
contracter mariage, qu'ils ayent la
faculté de contracter civilement pour
cause de mariage ; la capacité de se
marier étant du droit de la nature ;
& la faculté de donner, qui est un
acte civil, étant fondée sur le consentement, qui ne peut être donné que
par une personne capable de le donner. Et l'on conclut mal de la puissance émanée de la Loy, à la puissance
de l'homme, & sur-tout de l'homme
incapable d'un pareil acte.

VII. Mais l'on répond au contraire,
que les Loix citées n'ôtent en aucune

nationem facere, nec dotem constituere sine decreto .... Neque enim à capacitate matrimonii
quæ naturæ juris est, colligi debeit capacitas do-
nandi, id est, actus civilis, qui non nisi à consen-
su proficisci potuit ; consensus non nisi ab habili ; &
malè infert à potestate legis ad hominis potesta-
tem, præsertim inhabilis ad talem actum. *D'Argentré loc. cit. gl. 2. n. 1. p. 733.*

maniere aux Mineurs la faculté de donner à cauſe de noces. En effet, la gloſe ſur la Loy *Ob æs alienum*, veut que ſous ces termes d'*æs alienum*, l'on entende non ſeulement les dettes du Mineur, mais encore toutes autres pareilles cauſes, comme la conſtitution de dot, & les Donations à cauſe de noces (*k*).

VIII. La gloſe ſur la Loy *Prædia*, dit que cette Loy s'entend d'une Donation particuliere; comme d'une Donation faite ſans les formalitez requiſes; & qu'elle doit s'expliquer par pluſieurs autres Loix, qui lui ſont en quelque ſorte contraires, & dont il ſera parlé ci-aprés (*l*).

IX. Et loin que l'on puiſſe conclure avec Ferriere, des deux autres Loix rapportées, que les Donations à cauſe de noces ſont interdites aux Mineurs;

(*k*) Ob æs alienum tantùm, vel ſimilem cauſam, ut dotem .... vel donationem propter nuptias. *Gl. in dict. leg.* Ob æs alienum, *C. de præd. vel al. reb. min. &c.*

(*l*) Voyez la Gloſ. *in Leg. Prædia. Cod. eod. tit.*

on doit en tirer un argument abfolument contraire.

X. La Loy *Si ex causa*, ne défend
point à une femme mineure de conftituer une dot au profit de fon mari;
elle veut feulement que cette femme
foit reftituable, fi la dot qu'elle a con-
ftituée abforbe tout fon patrimoine,
ou fi elle eft plus forte : hors de ces
deux cas, elle peut donc conftituer
une dot.

XI. Ce qui ne laiffe aucun lieu d'en
douter, c'eft la difpofition même de
la Loy *Sive generalis.* Dans fon commencement, elle eft la même que celle de la Loy, *Si ex caufa :* mais à la fin,
le Jurifconfulte demande fi toute l'o-
bligation que la femme a contractée
en conftituant fa dot, tombe ; ou feulement, ce qui a été promis au delà
de ce qu'il étoit permis de promettre?
Il répond que cette obligation n'eft
infirmée que pour ce qui eft excédant
(*m*). Et delà rien de plus naturel que

(*m*) Quærendum tamen, utrùm totâ obligatio-

de conclure que la femme peut con-
stituer une dot, pourvû que la dot ne
soit point exorbitante.

XII. L'on ne peut pas non plus infé-
rer des termes de M. d'Argentré, que
toutes Donations à cause de noces, faites par des Mineurs, soient nulles.
Qu'on lise les termes dont il se sert;
il n'exclut que celles qui sont faites sans
formalitez, sans le décret du Juge,
sine decreto; & il est assez extraordi-
naire que Ferriere ait supprimé ces
mots, qui sont pourtant tres essentiels,
& qui changent absolument la these.

XIII. Mais le texte du Droit civil est
exprés pour l'affirmative de la proposition. Car encore que par la Loy derniere, C. *Si major factus alienat.* &c.
§. *ult.* il soit porté que le Mineur ne
peut donner, même avec permission
du Juge ; cependant la Donation à

ne an quod ampliùs promissum est, quàm promitti
oportuit, infirmetur; & utilius est dicere, id quod
superfluum est, tantummodò infirmare. *Leg. Sive
generalis. ff. de jure dotium.*

caufe de noces en eft nommément
exceptée (*n*).

XIV. Les Empereurs Dioclétien &
Maximien ont confirmé cette exception, par la Loy premiere *C. Si adver-
sùs donationem*, par laquelle ils ont fta-
tué que les chofes données à caufe de
noces , par un Mineur de vingt-cinq
ans, avec une modération convenable,
& en prefence de fon Curateur , ne
peuvent être révoquées (*o*).

XV. Les mêmes Empereurs ont décidé dans la Loy 28. *C. de jure dotium* ,
que non feulement une femme mineure pouvoit valablement conftituer une
dot du confentement de fon Curateur
foit général , foit fpécial à cet effet ; &

(*n*) Cum autem Donationes à minoribus , nec
eum decreto celebrari poffint : fi minor vel poft veniam ætatis rem immobilem Donationis titulo in
alium (exceptâ propter nuptias donatione) tran-
fcripferit , non aliter hoc firmitatem habebit, &c.
L. Si quando fine decreto.Cod. Si maj. fact. alien. &c.

(*o*) Si quæ res ante nuptias congruenti modera-
tione à minore annis viginti-quinque, marito, fpon-
faliorum tempore , etiam curatore præfente , tibi
donatæ funt, obtentu ætatis non revocabuntur. *L.
Si quæ res 1. Cod. Si adverf. donat.*

ils ont ajouté à la fin, que la même chose devoit s'obferver dans le cas d'une Donation à caufe de noces, faite par un Mineur, en préfence de fon Curateur (*p*).

XVI. Mais la conftitution de l'Empereur Conftantin eft encore bien plus expreffe. Par l'ancien Droit, il étoit ordonné aux Tuteurs & Curateurs, de vendre non feulement tous les meubles de leurs Mineurs, mais encore tous leurs fonds, à la réferve de ceux qui étoient fituez hors du territoire de Rome, & d'en faire des deniers.

XVII. L'Empereur par la Loy 22. *C. de adminift. tut. &c.* défendit ces fortes d'aliénations, excepté dans les cas pour lefquels les Loix permettent l'aliénation de leurs immeubles, fituez hors du territoire de Rome, fçavoir,

______

(*p*) Mulier in minori ætate conftituta, dotem marito, confentiente generali vel fpeciali curatore, rectè dare & exigere poteft .... Hoc idem obfervatur, & fi minor ante nuptias donationem, confentiente (ut dictum eft) curatore, fecerit. *Leg. Mulier. 18. Cod. de jure dotium.*

pour l'acquittement de leurs dettes, (ainsi qu'il est porté dans la Glose sur cette Loy, & dans la Loy *Ob æs alienum tantùm*, rapportée ci-dessus) pour cause de Donations à cause de noces, ou pour constitution de dot, ainsi qu'il avoit été permis auparavant : mais Constantin exigea dans tous ces cas, que le Juge fût instruit de l'aliénation; qu'il eût connoissance de la cause de l'aliénation, & qu'elle ne pût se faire qu'en vertu de son décret, pour prévenir les fraudes qui pouvoient y avoir lieu (*q*).

(*q*) Lex quæ tutores curatoresque necessitate astrinxit, ut aurum, argentum, vestes, cæteraque mobilia prætiosa, urbana etiam prædia & mancipia, domos, balnea, horrea, atque omnia quæ intra civitatem sunt, venderent, omniaque ad nummos redigerent, præter prædia & mancipia rustica, multùm minorum utilitati adversa est. §. Præcipimus itaque, ut hæc omnia nulli tutorum, curatorumve liceat vendere, nisi hac fortè necessitate & lege, quâ rusticum prædium atque mancipium vendere, vel pignorare, vel in donationem propter nuptias, vel in dotem dare, in præteritum licebat, scilicet per inquisitionem judicis, & probationem causæ, interpositionemque decreti, ut fraudi locus non sit. *Leg. Lex qua, C. de administr. tutor. in principio.*

XVIII. De tous ces textes du Droit Romain, l'on doit conclure, qu'il est permis aux Mineurs de faire des Donations à cause de noces. Mais ces mêmes textes y exigent differentes formalitez, pour les rendre valables. Il faut qu'elles soient faites avec modération (*r*); que le Juge en soit instruit, & qu'il les autorise par son Décret (*s*); & qu'elles soit faites en presence des Tuteurs ou des Curateurs (*t*).

XIX. Si des Loix, on descend aux Auteurs, on trouvera ce sentiment suivi par la plus grande partie. Je ne parlerai que des principaux.

XX. Balde, dans son conseil 99. conclut de l'habileté qu'a le Mineur de contracter mariage , qu'il est habile aussi à imposer telles conventions qu'il est permis de droit d'inserer dans

(*r*) *Leg. Si ex causa. §. In dotis generalis ff. de minor. Leg. Sive generalis, ff. de jure dotium. Leg. Si qua res. Cod. Si advers. Donat.*

(*s*) *Leg. Lex qua. §. Præcipimus C. de administ. tutor.*

(*t*) *Dict. Leg. Si qua res. Cod. Si advers. don. & Leg. Mulier, Cod. de jure dotium.*

un Contract de mariage (*u*), & par conſequent il peut donner à cauſe de noces.

XXI. L'Art. 261. de la Coutume de Blois porte, que ″ hommes & femmes ″ roturiers, qui ſe veulent & peuvent ″ marier enſemble, en faveur de ma-″ riage , & avant icelui conſommé, ″ peuvent donner l'un à l'autre cha-″ cun leurs biens meubles, & conquêts ″ immeubles, & la moitié de leurs hé-″ ritages patrimoniaux , à vie, ou à ″ toujours-mais.

XXII. Dumolin, dans ſon apoſtille ſur cet Article, dit que cette diſpoſi-tion a lieu, encore que les contractans ſoient Mineurs de vingt-cinq ans (*x*).

XXIII. M. d'Argentré, dont les par-tiſans de l'opinion contraire ſe font un boulevard, eſt lui-même favorable à

(*u*) A poſitione habilitatis ad matrimonium , habilitatem interponendi pacta omnia ſolita appo-ni de jure in contractu matrimonii & frequentia in regione. *Baldus Conſ. 99.*

(*x*) Etiam ſi minores 25. annis . . . . & ſic limi-tatur lex *Prædia.*

cette opinion ; puisqu'il n'exclut que les Donations à cause de noces, faites par les Mineurs sans décret du Juge (*y*).

XXIV. Basnage sur l'Art. 431. de la Coutume de Normandie (*z*), est encore pour l'affirmative de la proposition, & il rapporte un **Arrêt** du Parlement de Rouën du 23 Février 1657, qui confirme une Donation à cause de noces, faite par une femme mineure, à laquelle son Pere avoit consenti, & contre laquelle elle avoit obtenu des Lettres de restitution. Il pousse même la chose jusqu'à dire que *le decret du Juge n'est pas necessaire, quoi que d'Argentré soit d'un sentiment contraire.*

XXV. Si après toutes ces autoritez, il m'est permis de dire mon avis, & de me déterminer, je crois que nous pouvons tirer la décision de la difficulté,

(*y*) Voyez les termes de l'Auteur, rapportez ci-dessus, & ceux qui suivent : *Nulla tanta bonorum consideratio esse debet, quæ conditionem egregiam, & personarum utilem & honestam conjunctionem removeretur, si propinquorum judicium & Magistratûs autoritas intercedat.* Loc. cit. n. 2.

(*z*) Tom. 2. pag. 212.

de la difposition des deux Edits du 8.
Mars 1723, dont l'un défend aux Fils &
aux Filles, de fe marier fans le confentement de leurs Peres & Meres,
Tuteurs ou Curateurs; & l'autre fixe
la majorité à vingt-cinq ans.

XXVI. Par l'Art. 5. du premier de
ces Edits (*), les Fils de famille ne peuvent fe marier fans le confentement
de leurs Peres & Meres avant l'âge
de trente ans, & les Filles avant leur
vingt-cinquiéme année.

XXVII. L'Art. 7. porte que les Enfans
qui font en tutelle ou curatelle d'autres que de leurs Peres & Meres, ou de
leurs afcendans, ne peuvent auffi fe marier avant l'âge accompli de 25 ans,
fans l'exprés confentement de leurs
Tuteurs ou Curateurs, & de deux de
leurs plus proches parens paternels, &
autant de maternels, à peine de confifcation de leurs biens.

XXVIII. Enfin l'Art. 3. déclare les Enfans qui fe font mariez fans le confen-

(*) On le trouvera ci-aprés.

tement

tement de leurs Peres & Meres, indignes & incapables de tous profits, avantages, donations à cause de noces, & doüaire, qu'ils pourroient avoir stipulez par les Contrats de tels mariages, ou qui sont attribuez par les Coutumes aux personnes mariées.

J'ai suffisamment parlé plus haut, des dispositions du second Edit, qui fixe la majorité à vingt-cinq ans.

XXIX. Pour faire une application juste de ces dispositions à ma matiere, j'établis d'abord pour maxime générale, que suivant l'Edit concernant les mariages, les Mineurs ne pouvant se marier sans le consentement de leurs Tuteurs ou Curateurs, ou de leurs plus proches parens paternels & maternels, ils ne peuvent par consequent donner à cause de noces; parce que la Donation à cause de noces part du même principe que le Contract de mariage, ou plutôt elle n'en est qu'un accessoire.

XXX. Cette maxime posée, je fais une distinction, & je dis : Ou le Mineur fe marie fans le confentement de fon Tuteur ou Curateur, & de fes parens; ou il fe marie de leur confentement. Au premier cas, l'on ne doit pas douter que la Donation à caufe de noces ne foit nulle, par deux raifons : La premiere, parce que par l'Edit qui fixe la majorité, le Mineur ne peut aliéner, & par conféquent donner fans les formalitez qui y font requifes. La feconde, parce que par l'Edit concernant le mariage, ces fortes d'actes font déclarez nuls.

XXXI. Au fecond cas, fi le Mineur fe marie du confentement de fon Tuteur ou Curateur, & de fes Parens, je diftingue encore. Ou le Mineur eft émancipé, ou il ne l'eft point. S'il eft émancipé, il peut, fuivant l'Edit de la Majorité, donner fes meubles par Donation à caufe de noces, fans autre formalité; parce que l'Edit ne lui interdit, dans ce cas, que l'aliénation de fes immeubles, ou autres biens réputez propres. Pouvant donc aliéner ſes meubles, il peut les donner même entre-vifs, & par conſequent à cauſe de noces.

XXXII. Si le Mineur n'eſt point émancipé, je dis, qu'il ne peut donner à cauſe de noces, ni ſes meubles ni ſes immeubles, ſans le conſentement de ſon Tuteur ou Curateur, de Monſieur le Procureur General, ou de ſes Subſtituts, de deux Parens paternels, & de deux Parens maternels; parce que la Donation, même à cauſe de noces, eſt une aliénation; & ſuivant l'Edit de la Majorité, le Mineur ne peut aliéner, ſans obſerver ces formalitez.

XXXIII. Par ce moyen, il ſera facile de concilier la Juriſprudence Romaine avec la nôtre, & nous nous trouverons dans le cas des Loix rapportées ci-deſſus, qui admettent la Donation à cauſe de noces, faite par le Mineur; & ſur-tout de la Loy *Lex quæ, Cod. de adminiſt. tutor.* qui exige dans les ventes, & dans les Dona tions à cauſe de nôces, à peu prés les mêmes formalitezqui ſe trouventdans l'Edit de la Majorité.

§. V.

La Donation faite par le Mineur, peut-elle devenir valable ?

MAis le temps peut - il rendre valable une Donation entre-vifs, faite par un Mineur pendant ſa minorité? & dans quel temps doit-il ſe pourvoir contre un acte de cette nature, aprés ſa majorité accomplie?

I. Suivant la Loy, ce qui eſt nul dans ſon principe, ne peut devenir valable par l'écoulement du temps(*a*). Que la Donation entre-vifs faite par un Mineur, ſoit nulle dans ſon principe, c'eſt ce qu'on ne peut révoquer en doute ; & il ſemble par conſequent qu'elle doive toujours être regardée comme nulle, & que le temps, quel-

____

(*a*) Quod ab initio vitioſum eſt, non poteſt tractu temporis convaleſcere. *Leg. 29. ff. de regul. juris.*

que long qu'il ſoit, ne puiſſe la rectifier.

II. Cependant Juſtinien a expreſſément excepté ce cas de la regle, &
il a décidé par la Loy derniere au Code, *Si major factus alienat. fact. ſine
decret. rat. habuer.* qu'une Donation
entre-vifs faite par un Mineur, quoi
que nulle dans ſon commencement,
devient valable, ſi le Mineur n'a point
réclamé dans les dix ans depuis ſes
vingt-cinq ans accomplis entre préſens, & dans vingt années entre ab-
ſens (*b*).

III. Les Auteurs François, fondez
ſur l'Ordonnance de François I. de
l'an 1539, ont ſoutenu de même, que
le Mineur devoit ſe pourvoir contre

(*b*) Cum autem donationes à minoribus nec
cum decreto celebrari poſſint : ſi minor vel poſt
veniam ætatis rem immobilem Donationis titul.
in alium (excepta propter nuptias donatione) tran-
ſcripſerit : non aliter hoc firmitatem habebit, niſi
poſt vigintiquinque annos impletos, inter præſen-
tes quidem decennium, inter abſentes autem vi-
cennium donatore acquieſcente effluxerit. *Leg.
ult. Cod. loc. cit. §. ult.*

une Donation par lui faite dans les dix ans depuis fa majorité accomplie; parce que cette Ordonnance eft générale , & comprend les Contracts nuls, comme ceux qui ont été faits avec les formalitez requifes, & contre lefquels on ne peut fe pourvoir par voye de lézion , que dans les dix ans (*c*).

IV. Par l'Ordonnance de fon S. A. R. du 8. Avril 1699(*), le temps de fe pourvoir contre les Actes par lefquels on fe pretend lezé, a auffi été fixé à dix ans ; de forte qu'il femble, qu'on doive conclure qu'aprés ce temps l'on ne puiffe plus fe pourvoir contre une Donation entre-vifs, faite en minorité.

V. Mais c'eft une maxime parmi nous, qu'en fait d'aliénation de biens de Mineurs, les voyes de nullité ont lieu pendant trente ans en Lorraine, nonobftant l'Ordonnance de dix ans pour les reftitutions ; & la Cour l'a

(*c*) Voyez Bouvot dans fes Arrêts , tom. part. 3. fous le mot *Claufe de retour*. pag. 25.

(*) On la trouvera ci-aprés.

jugé par un de ses Arrêts du 29 de Novembre 1708, que je crois devoir rapporter ici, tel qu'il se trouve dans le premier tome des Arrêts choisis de la Cour, attribuez à Monsieur le Premier Président (*d*). Les raisons principales sur lesquelles il a été rendu, s'y trouvent inserées, & je n'ai garde de me flater de pouvoir rien dire de meilleur.

EXTRAIT DES REGISTRES

DE LA

COUR SOUVERAINE

DE LORRAINE ET BARROIS.

Du 29 Novembre 1708.

ENTRE Messire Jean-François-Paul Comte Desarmoises, Seigneur de S. Ballemont, Sandaucourt, & autres lieux, premier Ecuyer de S. A. R. l'un de ses Chambellans, Appellant par Mathieu & Wary, ses Avocat & Procureur, suivant les fins

(*d*) M. le Baron Bourcier.

D iiij

de fes Requête & Relief, du 8. Août 1708. *Pareatis* du Lieutenant Général au Bailliage de Vitry-le-François, du 13. Exploit d'intimation du 14, controllé le même jour, d'une Sentence renduë par les Officiers du Bailliage de Nancy le 24 Février précédent, par laquelle fur la demande formée par l'Appellant en entérinement du Decret de Reftitution obtenu fous fon nom par le Sieur Comte Defarmoi-fes de Commercy, le 17 May 1704, contre la vente par lui faite, par Contract du 14 Avril 1689, au feu Sieur Maréchal, Doyen de la Collegiale dudit Commercy, d'un Gagnage fitué à Xirocourt, les Parties ont été ap-pointées en droit, d'une part; & Dame Charlotte Noël du Lys, veuve du Sieur Jofeph de Crofny, lorfqu'il vivoit Capitaine de Cavalerie pour le fervice du Roy Tres-Chrétien, héritiere dudit Sieur Maréchal, Intimée, par Thibauld & Pierre, fes Avocat & Procureur, d'autre part.

Mathieu pour l'Appellant, a soutenu que le Contract du 14 Avril 1689, ayant été fait pendant sa minorité, il étoit nul, faute d'autorité du Procureur Général, suivant l'Art. XIII. Tit. IV. de la Coutume de Lorraine : Qu'étant nul, le decret de restitution obtenu par le Sieur Desarmoises de Commercy, sous le nom de l'Appellant, étoit une précaution surabondante & inutile, puisque les voyes de nullité ont lieu, suivant l'Art. XX. du Titre XII. de la même Coutume, & qu'il y a trente ans pour l'action en déclaration de nullité, conformément à l'Art. II. du Titre XVII. Que la vente étant nulle, on ne pouvoit contester la restitution des fruits ; puisque l'Acquereur n'ayant jamais été Proprietaire, il n'avoit pû faire les fruits siens, & que l'Appellant devoit rentrer en la possession de son bien avec tous ses droits, comme s'il n'y avoit point eu de vente ; a conclu à ce qu'il plût à la Cour mettre l'appellation, & ce dont eſt appel, au néant; émendant, évoquant le principal , & y faiſant droit, déclarer ledit Contract nul & de nul effet; & en conſequeuce, condamner l'Intimée à abandonner la poſſeſſion à l'Appellant, avec reſtitution de fruits, ſauf à elle à retirer le prix de la vente conſignée, à ſes riſques, en exécution de l'Arrêt de la Cour du 6 Septembre dernier, & aux offres de lui en payer l'interêt au denier vingt, & la condamner aux dépens, tant des cauſes principale que d'appel.

Thibauld pour l'Intimée, a ſoutenu au contraire, 1°. Que la vente étoit valable; parce que *urgebat æs alienum*, & que la vente avoit été faite du gré & conſentement du Pere, du Tuteur, & des Parens du Mineur. 2°. Parce qu'il n'y a point de lézion; que voyes de nullité ſont proſcrites par l'Ordonnance de S. A. R. du 8 Avril 1699, qui admet le bénéfice de relief, & le requiert indéfiniment; & que le

relief étant néceſſaire, comme l'Appellant l'a reconnu, puiſqu'il y a eu
recours, il n'étoit pas recevable, n'ayant
agi pardevant Juge compétant pour
l'entherinement, qu'en l'année 1706,
temps auquel les premieres dix années, depuis la majorité complette,
étoient écoulées : Que d'ailleurs le
Sieur de S. Ballemont étant né dans le
Bailliage de S. Mihiel, qui eſt Pays
de Relief; c'étoit la Coutume du lieu
de ſa naiſſance, qu'il falloit ſuivre, &
non pas celle de Lorraine, puiſqu'il
s'agiſſoit de ſa capacité pour contra-
ĉter; & par ces raiſons a conclu à ce
que l'appellation & ce dont eſt appel,
fuſſent mis au néant ; émendant, évoquant le principal, & y faiſant droit,
que l'Appellant fût déclaré non recevable, en tout cas mal fondé en ſa
demande, & condamné aux dépens
tant de cauſes principale que d'appel.

Mathieu a repliqué, qu'il ne ſuffiſoit pas qu'il y eût des raiſons de vendre; qu'il falloit encore qu'on eût ven-

du fuivant les formalitez vouluës par la Coutume : Que s'il s'agiffoit de régler la majorité du Sieur de S. Ballemont, la Coutume de S. Mihiel, en laquelle il eft né, feroit loy : mais s'agiffant d'une aliénation d'immeubles, elle auroit dû fe régler par la forme obfervée dans le lieu où le bien eft fitué : Que d'ailleurs la Coutume de S. Mihiel ne prefcrivant point la forme de l'aliénation des biens du Mineur, on ne pouvoit recourir qu'à la Coutume de Lorraine , celle de Bar fe taifant, comme celle de S. Mihiel; ou bien recourir au Droit Romain, qui régit Commercy, où le Contract a été paffé. Que fi on recouroit à la Coutume de Lorraine ; l'Article XIII. du Titre IV. décide formellement fur la nullité de la vente, par le défaut de l'autorifation du Procureur Général, qui eft le Juge des Mineurs : Que fi on avoit recours au Droit Romain, il falloit *Judicis decretum*, lequel manquant en la vente dont il s'agiffoit, elle étoit nulle, suivant le Titre du Code *de prædiis, & aliis rebus minorum sine decreto non alienandis, &c.* D'Argentré, Art. 481. Gl. .... n. 2. Rebuffe *de restitutionibus, in paragraph.* *1 ..... n. 25.* Que le consentement du Pere du Tuteur & des Parens ne suffisoit ni en Droit ni en Coutume. En Droit, §. *Si Pater. L. 7. de rebus eorum qui sub tutelâ, vel curatelâ, &c.* En Coutume, celle de Lorraine, Titre 12. Art. 12. Que vente de biens de Mineurs, sans l'autorité du Magistrat, étoit inutile en droit, *L. 2. C. de prædiis, &c.* Et en la Coutume de Lorraine, Titre 12. Art. 7. que l'Ordonnance du 8 Avril 1699, ne concerne que les Majeurs; qu'elle ne prononce que sur le premier chef dudit Art. 7. Titre 12. & ne parle point des Contracts qui sont nuls de Droit : Qu'ainsi les voyes de nullité ne sont pas censées abrogées ; qu'il n'est pas nécessaire qu'il y ait lézion ; qu'un intérêt d'affection suffit au Mineur, *L.*

25. *ff. de minoribus* : Que dés que la vente eft faite *fine decreto*, un Mineur eft toujours cenfé lezé quand il aliéne : Que s'il falloit un decret de reftitution, ce qu'il a foutenu inutile, l'Appellant en avoit un ; & que non-obftant que les pourfuites qu'il avoit faites pour l'entherinement, euffent été intentées pardevant un Juge incompétant, elles fuffifoient pour avoir interrompu la prefcription de dix ans, qui de foi eft odieufe, comme reftraignant la prefcription générale de trente ans.

Ouï Bourcier Avocat Général pour le Procureur Général, qui a fait récit du fait, & des moyens des Parties, & a eftimé que le Contract étant nul, le decret de reftitution étoit inutile, & qu'il y avoit lieu, pour les raifons qu'il a déduites, de mettre l'appellation, & ce dont eft appel, au néant; émendant, évoquant le principal, & y faifant droit, déclarer le Contract de vente dont il s'agiffoit, nul, & de nul effet & valeur; en conséquence, condamner l'Intimée à abandonner la possion à l'Appellant, avec restitution de fruits, en lui remboursant le prix principal, qui a tourné à son profit, & les interêts au taux des Ordonnances. Et après que la Cause a été plaidée pendant trois Audiences;

LA COUR a mis l'appellation, & ce dont est appel, au néant; émendant, évoquant le principal, & y faisant droit, a déclaré les ventes & aliénations faites par la Partie de Mathieu, du Gagnage de Xirocourt, dont il s'agit, nulles & de nul effet; & en conséquence, condamne la Partie de Thibauld de lui en abandonner la proprieté & jouïssance; a compensé les fruits qu'elle ou ses auteurs en ont perçus jusqu'au jour de la Consignation faite par la Partie de Mathieu, avec les interêts du prix principal de la vente dudit Gagnage, & les impenses & méliorations qui peuvent y avoir été faites; moyennant quoi elle a permis à la Partie de Thibauld de retirer les deniers consignez, & l'a condamnée aux dépens. Fait à Nancy en la grand'Salle du Palais le 29 Novembre 1708. *Signé*, Par la Cour, VAULTRIN.

VI. Si par cet Arrêt la Cour a jugé qu'un Mineur avoit trente ans depuis sa majorité, pour se pourvoir par voye de nullité contre une vente nulle par lui faite, quoi qu'il fût constant dans le fait que le prix avoit tourné à son profit ; on ne doit pas douter qu'il n'ait la même faculté contre une Donation entre-vifs, qui lui est absolument tombée en pure perte.

§. VI.

Des Insensez, Furieux, & Prodigues.

I. JE viens aux Insensez, aux Furieux, & aux Prodigues. Il seroit assez inutile de rapporter ici les raisons qui leur ont fait interdire la liberté de donner entre-vifs ; elles ne se font que trop sentir.

II.

II. Mais toutes les Donations entre-vifs, que ces fortes de perfonnes pourroient faire, feroient-elles nulles? Si un Prodigue interdit, par exemple, avoit judicieufement divifé fes biens, par une Donation entre-vifs, entre fes Enfans, ou fes Parens, & avoit fait ce que la Nature & les Loix ordonnent, pourroit-on combattre cette Donation de nullité?

III. Mon fentiment eft que la Donation eft toujours nulle en foi, par l'incapacité du Donateur; mais qu'elle doit cependant fubfifter, parce qu'en ce cas, & en autres femblables, la Donation étant conforme à la Loy, il faut moins confidérer l'incapacité du Donateur, que la juftice & la faveur de la Donation. En vain un Juge l'annulleroit-il, puifque dans fon jugement il feroit obligé d'ordonner la même chofe que ce qui eft porté en la Donation. Auffi l'Empereur Leon, dans fa Novelle 39e, a ordonné que les bonnes actions, qui feroient

E

faites par un Prodigue, feroient auto-
risées (*e*). Ce qui a fervi de fondement
à plufieurs Arrêts que l'on trouve dans
les Auteurs François (*f*) ; & Valere
Maxime rapporte que le Sénat de Rome jugea autrefois la même chofe
dans le cas de la démence, & qu'il
fe fonda fur une pareille confidération, pour ordonner l'exécution d'un
teftament fait par un Infensé, fuivant
l'ordre de la Nature & des Loix (*g*).

(*e*) Quid enim fi prodigus aut hæreditatem fuis
neceffariis relinquere , aut pauperibus fua diftri-
buere , aut denique gravem fervitutis torquem fer-
vorum cervicibus adimere volet , an ideò quod prodigus eft, id illi non licere velle dicendum ?

(*f*) Cambolas Liv. 5. ch. 50. Bafnage, fur l'Art.
431. de la Cout. de Normandie.

(*g*) Les termes de l'Auteur méritent d'être rapportez. *Quàm certa , quàm etiam nota infania Tu-
ditanus ; utpote qui populo nummos fparferit , togam-
que velut tragicam veftem in foro trahens , maximo
cum hominum rifu confpectus fuerit , ac multa his
confentanea fecerit. Teftamento Ofilium inftituit hæredem : quod Ti. Longus fanguine proximus , hafta judicio fubvertere fruftra conatus eft. Magis enim cen-
tum viri , quid fcriptum effet in tabulis , quàm quis
eas fcripfiffet, confiderandum exiftimaverunt. Valerius
Maximus lib. 7. cap. 8. n. 1. de ratis teftamentis,
pag. 647.* Du refte, j'ai fubftitué *ofilium* à *is filium*,
qui eft dans le texte, fur la correction de **Jufte
Lipfe.**

§. VII.

Raisons générales, pour les uns & pour les autres.

I. ENfin toutes ces Personnes, les Femmes mariées, les Fils de famille, les Mineurs, & ceux qui sont réputez tels, renferment en eux, une incapacité légale, qui rend nulles toutes les Donations entre-vifs qu'ils pourroient faire ; & cette incapacité n'est autre chose que le défaut de puissance, & l'assujettissement de leurs personnes & de leurs volontez, à l'empire de leurs Maris, de leurs Peres & Meres, de leurs Tuteurs & Curateurs. Notre Coutume ayant soûmis la femme à la puissance du Mari (*h*), lui a en même temps ôté la disposition de ses biens, & par Donation entre-vifs, & par quelqu'autre Acte que ce soit, sans l'autorité de ce dernier (*i*). Elle a fait la même chose pour les Fils de

(*h*) Art. 16. Tit. 1.
(*i*) Art. 21. au même endroit.

famille, pour les Mineurs, & pour
ceux qui sont réputez tels; elle les a
assujettis à la puissance de leurs Peres & Meres, de leurs Tuteurs & Curateurs (*k*); elle les a déclarez incapables de comparoître en jugement
de leur chef, & leur a défendu l'a-
liénation de leurs biens, dont elle a
rendu arbitres leurs Peres & Meres,
leurs Tuteurs & Curateurs (*l*). Elle a
même imposé à ceux-ci la loy de
ne pouvoir aliéner les biens de leurs
Mineurs sans de justes causes (*m*), &
sans le consentement de M. le Procureur Général, ou de ses Substituts;
& des Parens paternels & maternels.
Or l'on sçait que rien d'ordinaire n'o-
blige un Mineur de donner entre-vifs.
D'ailleurs il ne peut le faire sans perdre; & la Loy ne permet l'aliénation
de son patrimoine, que dans un besoin pressant, ou pour son plus grand
bien (*n*).

(*k*) Art. 16. cité.
(*l*) Art. 13. Tit. 4.
(*m*) Voyez ci-dessus p.
(*n*) Voyez ci-dessus §. 2. n. 3.

SECTION III.

Des autres perſonnes interdites.

§. I.

Des perſonnes malades.

I. OUtre ces perſonnes qui ne peuvent diſpoſer de leurs biens entre-vifs, il y en a encore quelques autres, dont notre Coutume n'a point parlé.

II. Les perſonnes malades de maladie mortelle, ne peuvent donner entre-vifs ; & une Donation faite par une perſonne malade de la maladie dont elle ſeroit morte, ſeroit réputée à cauſe de mort, quoi qu'elle fût conçuë entre-vifs (*o*).

§. II.

Des Sourds & Muets de naiſſance.

I. CEux qui ſont ſourds & muets de naiſſance, ne peuvent, ſe-

____

(*o*) Ferrieres ſur l'Art. 272. de la Cout. de Paris. Ricard, & tous les autres.

E iij

lon mon fentiment, donner entre-vifs. J'en tire la preuve de l'Article I. du Titre des Teftamens de notre Coutume aux anciennes. Cet Article exige, pour qu'une perfonne puiffe faire un Teftament, ou toute autre ordonnance de volonté derniere, ,, qu'elle ,, foit en état de pouvoir, par paroles ,, diftinctement, ou par écrit, décla-,, rer ou témoigner fa conception ou ,, volonté. ,, Suivant la difpofition de cet Article, une perfonne fourde & muette de naiffance, ne pourroit point tefter ; puifqu'elle ne pourroit déclarer ou témoigner fa conception, fa volonté, ni par paroles diftinctes, ni par écrit ; & je conclus de là, qu'elle ne pourroit donner entre-vifs.

II. Je fçai que par la Loy, *Qui id quod*, 34. §. *Mutus. D. de Donationibus*, il eft décidé, fans diftinction, que les fourds & les muets peuvent donner entre-vifs (*p*). Mais fuivant la

(*p*) Mutus & furdus donare non prohibentur. *Leg. cit.*

Glofe, & la plûpart des Docteurs, cette Loy ne doit point s'entendre de ceux qui font fourds & muets de naif-fance, mais feulement des perfonnes qui n'ont qu'une feule de ces incom-moditez, & qui font, ou feulement fourds, ou feulement muets ; & de ceux qui ne font fourds & muets que par accident, & depuis leur naif-fance. Ils fondent cette décifion fur la difpofition de la Loy *Difcretis C. Qui teftam. fac poff.* & de la Loy, *In quibufcunque, ff. de action. & oblig.* (q).

III. Il n'en eft pas de même d'un fourd par accident, qui peut témoi-gner fa volonté par paroles, comme un muet le peut par écrit : ainfi dans ces cas, leur difpofition feroit valable.

(q) Et intellige hoc, cùm infortunium eft dif-cretum, vel concurrit cafu tamen. Quia fi à na-tura fit fimul & furdus & mutus, inter vivos do-nare non poteft. *Glof. in dict. §. Mutus.* Voyez Ricard. part. 1. ch. 3. fect. 2. n. 234. & fuiv.

§. III.

Des Criminels.

UNe perfonne qui a commis un crime capital , peut - elle avant ou depuis qu'elle a été déferée en Juftice, donner valablement en-tre-vifs ?

I. Cette queftion eft extrêmement controverfée ; & quoi qu'elle femble décidée par la Loy *Poft contractum capitale crimen , D. de Donat.* les fen-timens des Docteurs font prefque tous oppofez & contraires , parce que la Loy reçoit differentes leçons. Mais fans entrer dans une difcution qui me conduiroit trop loin, je crois qu'il me fuffit d'obferver, que la queftion eft formellement décidée parmi nous, par l'Article xiv. du Titre XV. de l'Or-donnance Criminelle , dont voici les termes:

›› Déclarons toutes ventes, ceffions, ›› *Donations* & tranfports , faits par ›› les condamnez à mort civile ou na-

» turelle, de leurs biens meubles &
» immeubles , *du jour de la significa-*
» *tion du premier decret* , nulles, & de
» nul effet & valeur , comme faites
» en fraude de la condamnation ; *&*
» *en cas de crime de Leze-Majeſté*
» *au premier chef , du jour du crime*
» *commis.*

II. Notre Ordonnance rend donc inutiles à cet égard toutes les diſtinctions des Docteurs ſur la Loy *Poſt contractum capitale crimen ;* & je ne crois pas qu'on puiſſe me conteſter, que les Donations entre-vifs, faites avant la ſignification du premier décret, par les perſonnes qui ont commis un crime capital, ne ſoient valables : mais aprés la ſignification de ce décret ; elles ſont nulles & de nul effet, parce qu'une perſonne prévenuë de crime, outre qu'elle pourroit facilement être engagée à donner entre-vifs, pour mettre ſes biens à couvert, & *en fraude de la condamnation,* ainſi qu'il eſt porté dans l'Article ;

pourroit auſſi le faire pour ſe procurer de puiſſans appuis , pour éloigner les preuves , corrompre ſes témoins , & peut-être adoucir ſes Juges.

III. Mais il faut , avec l'Ordonnan-
nance , excepter de cette regle ceux
qui ont commis un crime de Leze-
Majeſté au premier chef. La grandeur
de ce crime , ſon énormité , & l'hor-
reur qu'il inſpire , leur a fait interdire la faculté de donner entre-vifs dés
le jour du crime commis ; & toutes
les Donations qui pourroient avoir
été faites depuis ce jour , ſont déclarées nulles , par la derniere partie de
l'Article cité de l'Ordonnance.

IV. De la diſpoſition de ce même
Article , nous devons conclure auſſi ,
que les condamnez à mort , & ceux
qui ſont morts civilement , ſont incapables de donner entre-vifs : les condamnez à mort , parce que tous leurs
biens étant confiſquez , ils ont ceſſé
d'en être maîtres , & ne peuvent plus
en diſpoſer : ceux qui ſont morts ci-

vilement, parce que la mort civile produit les mêmes effets que la mort naturelle, & ne dépouille pas moins qu'elle.

§. IV.

Des Majeurs de vingt ans.

ON demandera peut-être, si un Majeur de vingt ans, domicilié hors des Etats de S. A. R. peut donner entre-vifs ses biens situez en Lorraine, où la majorité n'est actuellement acquise qu'à vingt-cinq ans accomplis?

C'est une maxime incontestable, que la majorité de vingt ans rend capables ceux qui l'ont acquise, de disposer des biens qu'ils ont dans les Provinces, où les Coutumes ne déclarent les personnes majeures qu'à vingt-cinq ans : car quand il s'agit de la capacité de contracter, on considere seulement la Coutume du domicile. C'est la décision formelle d'un Arrêt de la Cour du 26 Mars 1699 (*), rendu en-

(*) Voyez l'Arrêt à la fin de la Dissertation.

tre Pierre Mercier Bourgeois de Nancy, Appellant ; & le Sieur Charles de Cultz Comte de Deuilly, par lequel il a été jugé en termes exprés, que la capacité de contracter par rapport à l'âge & à la majorité, devoit se régler par la Coutume du lieu de la naissance, & du domicile de la Partie contractante, & non par la Coutume du lieu où le Contract est passé, & de la situation de la chose contestée. Le Comte de Deuilly étoit né & domicilié dans la Franche-Comté, où la majorité est fixée à vingt-cinq ans, & il avoit vendu les maisons dont il s'agissoit au procés, en la Ville de Nancy, où la majorité étoit alors accomplie à vingt ans. Il avoit pris des Lettres contre la vente ; elles furent enterinées, & la vente déclarée nulle (s).

(s) Voyez ci-aprés, l'Arrét de la Cour. Et surtout Basnage sur la Coutume de Normandie, tom. 1. pag. 211.

§. V.

Des Aubains.

ON peut encore demander, si les Aubains peuvent donner entre-vifs?

La raison de douter se tire de ce que l'Aubain ne peut disposer par Testament. Mais suivant Auzanet (*t*), ils ne peuvent pas moins donner entre-vifs, par la raison que les Testamens dépendent du Droit civil & particulier de chaque nation, auquel les Etrangers ne participent point : au lieu que les Donations entre-vifs dépendent du Droit des Gens. Les Aubains vivent, acquierent, & aliénent comme citoyens; & par cette raison les Arrêts leur ont permis de donner entre-vifs : mais ils meurent comme

(*t*) Sur l'Art. 272. de la Cout. de Paris. Bacquet, Traité du Droit d'Aubaine, ch. 20. Ragueau sur l'Art. 3. du Titre 8. de la Coutume de Berry, pag. 248. Basnage sur l'Art. 416. de la Coutume de Normandie, pag. 185.

étrangers, ce qui les empêche de te-
ſter (*").

SECTION IV.

Du Don mutuel.

§. I.

Du Don mutuel entre mari & fem-me , réſidans ſous la Coutume de Lorraine.

I. ENfin je crois devoir finir cette partie de ma Diſſertation, par la défenſe faite par l'Article IV. de no-tre Titre, au mari & à la femme de ſe faire réciproquement des Dona-tions mutuelles. Cette défenſe produit en eux une incapacité légale de don-ner, qui m'a paru devoir avoir lieu ici.

II. De toutes les affections humai-nes, l'amour conjugal doit être la plus pure, & la plus dégagée de tous les motifs intéreſſez, qui, s'ils ne ſont l'ame des autres affections, en ſont

(*") Quia vivunt, acquirunt & alienant, ut cives,
moriuntur verò ut peregrini.

d'ordinaire les compagnons insepa-
rables. La sainteté du Sacrement unit
deux Epoux ; une tendresse vive & sin-
cere, des attentions, des soins, des
secours continuels & réciproques doivent être les liens de cette union sa-
crée ; tout ce qui s'y mêle d'ailleurs,
y est étranger ; & si toutes ces choses
se font dans des vuës intéressees, elles
ne sont plus ce qu'elles doivent être ;
ce n'est que grimaces, que déguise-
mens, & que tromperies.

C'est sans doute ce qui a porté les
Légiflateurs les plus zélez pour le
bien de la Societé, à éloigner par de
sages dispositions tout ce qui pourroit
déranger cette heureuse harmonie ;
& ils ont défendu les Donations mutuelles entre le mari & la femme, par
la crainte qu'ils ont eû, que la con-
corde qui doit regner entr'eux, ne
devînt l'objet & le prix de ces Donations (*x*).

(*x*) Amorem honestum solis animis existiman-
tes, & ne concordia pretio conciliari videretur,
Leg. 3. *D. de Donat. inter vir. & uxor.*

III. Notre Coutume a suivi ces dispositions ; & en défendant le Don mutuel entre le mari & la femme (*y*), elle a conservé au Sacrement toute sa dignité, & à l'amour conjugal toute la pureté, & tout le desinteressement qui doivent l'accompagner. Elle a prévenu les suites fâcheuses qu'entraîne après soi la permission que d'autres Coutumes accordent au mari & à la femme, de se donner mutuellement. Par la sagesse de sa disposition, elle a banni des familles le dépit, qui suit le refus, & qui fait naître les querelles, les dissentions, les haines, les desordres, les separations, & souvent les plus tristes accidens, & les malheurs les plus déplorables. Elle a mis un frein à ces amitiez, qui plus semblables à la fureur & à la démence, qu'à une passion légitime, & réglée par la raison, se précipitent dans les derniers excés de la prodigalité, & ne se

____

(*y*) Entre conjoints, les Donations mutuelles n'ont lieu. *Art. 4. Tit. 10.*

croyent

croyent véritablement opulentes, que quand elles se sont dépouillées de tout en faveur de l'objet aimé. Elle a rendu inutiles ces artifices pernicieux, que sçait employer l'avarice pour arriver à son but : elle l'a démasquée, pour ainsi dire, & l'a mise hors d'état de se parer des dehors de la tendresse conjugale , & de lui voler ses droits & ses priviléges.

IV. Enfin si notre Coutume avoit permis le Don mutuel entre le mari & la femme, elle auroit été absolument contraire à elle-même. Par l'Article XXII. du Titre I. elle défend au mari d'autoriser sa femme à contracter, ou à disposer en quelque maniere que ce soit à son avantage , soit directement, soit indirectement (z). Si la femme ne peut avantager son mari, de quelque façon que ce soit,

(z) Et généralement entre Gentilshommes , Annoblis , & Roturiers, ne peut le Mari autoriser sa femme de contracter, ou autrement disposer pour l'avantager directement ou indirectement. *Art.* 22. *Tit. 1.*

F

par une suite naturelle, la Donation mutuelle doit lui être interdite; & les avantages qu'un mari peut faire à sa femme, ne peuvent passer pour Don mutuel, puisqu'il ne peut y avoir de réciprocité de la part de cette derniere.

V. Aussi la Cour a-t-elle jugé que l'acquisition d'un immeuble, faite entre deux conjoints au profit du survivant de l'un d'eux, tombe dans la prohibition du Don mutuel, & que la Donation de cet acquêt est réduite à l'usufruit au profit du mari, par Arrêt du 25 Janvier 1706 (*), rendu entre Dame Barbe Belchamp, veuve du Sieur de la Mothe Bailly, Appellante; & le Sieur Guillaume le Court Ecuyer Sieur de Froidebise, Intimé.

(*) Voyez l'Arrêt à la fin de cette Dissertation.

§. II.

Du Don mutuel entre mari & femme, résidans sous le ressort de la Coutume de S. Mihiel , de biens situez sous le ressort de la Coutume de Lorraine.

MAis des conjoints qui demeurent sous le ressort de la Coutume de Saint-Mihiel, par laquelle le Don mutuel entre gens mariez est permis, peuvent-ils se donner mutuellement leurs biens situez dans le ressort de la Coutume de Lorraine ?

I. Cette question peut se présenter tous les jours, & les Docteurs ont pris differens partis ; les uns ayant soutenu l'affirmative , les autres la négative, & les sentimens des uns & des autres étant appuyez de raisons , & confirmez par differens Arrêts.

II. Ceux qui soutiennent l'affirmative, disent ›› que les Coutumes per- ›› mettent les Donations en général ; ›› & que les interdisant à l'égard de

» certaines personnes , cette restri-
» ction est un statut personnel, qui a
» pour fondement une raison civile &
» politique, qui considere seulement
» la personne, & non la chose, à l'é-
» gard de laquelle la Loy a disposé
» par une disposition générale, per-
» mettant la Donation des choses qui
» sont sous sa puissance : de sorte que
» si elle l'a interdite en particulier aux
» conjoints , il résulte de cette pro-
» hibition, une simple incapacité per-
» sonnelle, qui ne prend nullement
» son origine de la chose, puisque de
» soi elle est comprise en la Dona-
» tion ; mais simplement de la consi-
» dération de la personne , qui doit
» par conséquent être régie par la
» Coutume qui a empire sur lui, &
» qui est celle de son domicile. « C'est
ainsi que raisonne Me Jean-Marie Ricard (*b*), aprés le fameux Dumolin
(*c*); & il a été suivi par Ferrieres sur

(*b*) Traité du Don mutuel , ch. 7. n. 325.
(*c*) En son Conseil 53.

la Coutume de Paris (*d*), & par d'autres.

III. Mais M. d'Argentré sur la Coutume de Bretagne (*e*), en rendant justice au grand génie de Dumolin,
a combattu son opinion en termes
fort vifs. Je trouve ses raisons éle-
gamment traduites dans Basnage,
qui l'a suivi, sur la Coutume de Normandie (*f*); & l'on sera peut-être bien-
aise de les trouver ici opposées à celles
de Ricard.

» Je sçais bien, dit-il, que les Com-
» mentateurs de la Coutume de Paris
» objectent, qu'encore que les Cou-
» tumes soient réelles, elles sont con-
» traintes & nécessitées de suivre la
» loy de la convention personnelle,
» qui emporte la réelle, comme la
» plus noble ; & que les Coutumes
» ne sont réputées réelles, qu'en ce
» qui dépend de la simple disposition

(*d*) Dans l'observation de M *** sur l'Article
230. n. 20.
(*e*) Art. 218. gl. 6. n. 33.
(*f*) Sur l'Art. 389. tom. 2. pag. 73.

F iij

» de la Coutume : mais que quand il
» s'y rencontre de la difpofition de
» l'homme , cela empêche la réa-
» lité, faifant valoir fa difpofition par
» deffus celle de la Coutume.

» Mais ce raifonnement n'est pas
» folide : car fi la Coutume n'eft répu-
» tée réelle qu'en ce qui dépend de fa
» fimple difpofition, & que quand il
» s'y rencontre de la difpofition de
» l'homme, cela empêche la réalité ;
» ce fera renverfer toutes les Coutu-
» mes, & rendre toutes leurs difpofi-
» tions vaines & illufoires ; étant mal-
» aifé de faire un Contract où les con-
» tractans ne s'engagent dans quel-
» que obligation perfonnelle ; & par
» cette voye faifant prévaloir la dif-
» pofition de l'homme à la réalité ,
» toutes les Coutumes, bien que réel-
» les , feront contraintes de fuivre la
» loi de la convention perfonnelle :
» ainfi toutes leurs difpofitions demeu-
» reront fans effet. Cette confequen-
» ce peut être confirmée par les exem-

» ples. La Coutume est réputée réelle
» à l'égard du douaire. Lorsqu'il s'a-
» git de Donations, il n'est pas per-
» mis de donner plus que ce qui est
» permis par les Coutumes des lieux
» où les choses données sont assises :
» cependant si un homme de Nor-
» mandie, par son Contract de ma-
» riage passé à Paris, accorde en
» douaire la moitié de ses immeubles ;
» si par un Contract passé à Paris quel-
» qu'un donne la moitié de ses im-
» meubles avec garantie, n'est-il pas
» vrai qu'en l'un & l'autre cas il con-
» tracte une obligation personnelle ?
» l'une, de faire valoir le douaire jus-
» qu'à la moitié de son bien, & l'autre
» de faire subsister la Donation ; & par
» conséquent cette convention per-
» sonnelle empêche la réalité, & doit
» prévaloir, comme plus noble , sur
» la disposition de la Coutume. Ainsi
» nonobstant la disposition de la Cou-
» tume de Normandie de bailler plus
» que le tiers en douaire, ou de donner

F iiij

» plus que le tiers de fes immeubles,
» ces deux Contracts ne laifleront pas
» d'avoir leur exécution, à caufe qu'il
» s'y rencontre de la difpofition de
» l'homme. La ftipulation pour la
» Communauté n'eft pas plus perfon-
» nelle que la ftipulation pour le douai-
» re : en l'une & en l'autre il fe contra-
» ǎe une veritable obligation perfon-
» nelle ; & néanmoins, fuivant la do-
» ǎrine même des Arrêts du Parle-
» ment de Paris, la ftipulation d'un
» douaire fur des biens en Norman-
» die, plus grand que celui qui eft per-
» mis par la Coutume, eft réduǎible.
» Or la Coutume de Normandie ne
» défend pas plus étroitement de don-
» ner plus que le tiers en douaire, que
» de bailler plus que le tiers des con-
» quêts à la femme : au contraire, la
» prohibition y eft encore plus expref-
» fe.... La Loy réprouvant fi abfolu-
» ment tout ce qui eft fait contre fa
» difpofition, il faut ou que l'homme
» n'y puiffe déroger par aucune ftipula-

» tion, ou que sa disposition ne puisse
» être anéantie par une simple con-
» vention personnelle (*g*)...

IV. J'avouë que ces raisons me frap-
pent, & j'ai trouvé ce sentiment suivi
par le plus grand nombre des Docteurs
(*h*), qui soutiennent que quand il s'a-
git de disposer de ses biens, on doit
suivre la Coutume du lieu où ils sont
situez : Que les Coutumes étant réelles, elles ne peuvent étendre leurs effets hors de leurs territoires : Que l'on
ne regarde point la Coutume du lieu
où l'on dispose, mais celle du lieu où
la chose est située ; & que les dispositions des Coutumes, dans ces cas,
concernent moins la personne que la
chose. Et M. Cujas (*i*) a soutenu,

(*g*) On peut voir le reste dans l'Auteur même,
où il rapporte des Arrêts du Parlement de Paris,
qui ont confirmé son sentiment. *Tom. 2. pag. 74.*

(*h*) *Chopin. lib. 2. de morib. Parif. tit. 2. n. 15.
Idem de Privilegiis rufticorum , cap. 2. fecunda par-
tis lib. 2. p. 52.* D'Argentré *loc. citat.* Brodeau fur
M. Louët, lett. C. fomm. 42. Le Grand fur la
Cout. de Troyes, part. 2. pag. 44. n. 17. Bal-
nage *loc. cit.*

(*i*) *Confultat. 3.*

que ces maximes devoient avoir lieu, non seulement dans les Testamens, mais encore dans les Donations entre-vifs; & que si un particulier demeurant en Italie, donnoit des biens situez en France, il devroit se conformer aux Coutumes de France, & en suivre les dispositions.

§. III.

Du consentement de l'Héritier au Don mutuel.

MAis si l'héritier consent au Don mutuel, la disposition sera-t-elle valable ?

I. Il paroît d'abord, que cet héritier seroit non recevable à la contester. Il s'est lié par son consentement; il a pû faire Donation de ses droits, de ses prétentions, & par conséquent renoncer à l'esperance qu'il avoit sur les biens donnez mutuellement (*k*) : sa condition ne doit-elle pas être la même que celle d'un créan-

(*k*) Spes futuri juris rectè donari potest. *Leg.* 3. *Cod. de Donat.*

cier, qui a consenti à l'aliénation du fonds, sur lequel il avoit son hypoteque? Ce consentement lui fait perdre son gage, son assurance; & il ne peut plus exercer son action sur le bien vendu (*l*). Enfin il n'y a point de retour pour celui qui a renoncé à son action (*m*); & tout homme qui consent à un acte, perd les actions que lui accordoit la Loy, pour faire tomber cet acte, s'il n'y eût point consenti (*n*).

II. Mais on ne doit point douter que ce consentement prêté par l'hé-

(*l*) Si voluntate creditoris fundus alienatus est, inverecundè applicari sibi eum creditor desiderat. *Leg. 8. §. 6. D. Quibus modis pignus vel hypotheca solvitur.*

(*m*) Remittenti actiones suas, non est regressus dandus. *Text. in Leg. Quæritur 14. §. Si vendita, 9. ff. de ædil. edict. & in Leg. Non videtur 11. §. Si quid in fraud. patron.*

(*n*) *Leg. Quadam 26. Cod. de administr. Tut. Leg. ult. Cod. de remiss. pign. Leg. Si debitor §. 1. & leg. Si consensit, ff. Quib. mod. pig. vel hyp. solv. cap. Pastoralis est, ibi. Panorm. de donation. cap. 1. §. Præterea quib. mod. feud. amitt. & ibi. Bald. Zas. de feudis. part. 8. n. 21.*

ritier, n'a pû rendre valable un acte réprouvé par la Loy municipale. Cette Loy ne peut en quelque maniere que ce foit recevoir d'atteinte ; contre elle point de fin de non recevoir : c'eſt en confidération du bien public, qu'elle a défendu le Don mutuel entre le mari & la femme ; & à ce qui eſt de droit public, les particuliers ne peuvent y déroger par leurs conventions : quiconque y a dérogé, peut impunément revenir contre ſon propre fait (*o*) ; & Choppin (*p*) rapporte un Arrêt prononcé en Robes rouges le 9 d'Avril 1543, qui a jugé nul un pareil acte. Il ajoute que les Loix réprouvent tellement les Dons mutuels, qu'il a été jugé par un autre Arrêt du premier de Mars 1567, qu'un

(*o*) *Leg. Poſt mortem.* **D.** *de adoption. Leg. Statutis ,* **C.** *de ſent. ex periculo recitat.* & la Loy qui précede, au même Titre.

(*p*) *De Privilegiis ruſticor. part.* 3. *lib.* 3. *c.* 4. *in princip.* Il cite Aretin en ſon Conſeil 123. & Chaſſanée, *in conſuet. Burgund.* §. 7. *verſ.* Si ce n'eſt du conſentement, *Tit.* Des Droits appartenans à gens mariez.

mari ayant fait acquisition d'un fonds avant son mariage, & n'en ayant payé le prix qu'aprés l'avoir contracté, ce fonds entroit en communauté, ou du moins la moitié de son prix, parce qu'autrement ce seroit un Don mutuel tacite, qui enrichiroit le mari au préjudice de la femme (*q*). Charondas (*r*) appuyé de l'autorité de plusieurs Loix (*s*), & de deux Arrêts du Parlement de Paris, l'un de l'an 1545, & l'autre de 1595, a soutenu de même, que le consentement de l'héritier, quoi que confirmé par serment, ne pouvoit rendre valable une pareille Donation.

(*q*) Quum alioqui tacitâ liberalitate vir fieret ditior, & in paupertatem uxor decideret. *S. consulto. Kalend. Martii. an. 1567. facto ex controversia Johannis* Saugeot, *& Martha* Faulcau, *vidua Claudii Vincentii, disceptantium.*

(*r*) Réponses du Droit François. Liv. 5. R. 4. & Liv. 7. Rep. 39.

(*s*) *Leg. Sed interim. §. Si uxor, ff. de Donat. int. vir. & uxor. Leg. ult. Cod. Si maj. fac. vend. rei suæ. Leg. Cum lex, ff. de fidei. L. Quod de bonis §. 1. ff. ad Leg. Falcid. Leg. Titia §. Lucia ff. de Leg. 2.*

§. IV.

Du Don mutuel permis en Lorraine.

I. ENfin je crois devoir obferver, que quoi que notre Coutume défende abfolument le Don mutuel entre le mari & la femme ; que fa défenfe foit générale, & comprenne toutes les Donations réciproques de toutes fortes de biens ; cependant nous voyons tous les jours, que dans les Contracts d'acquêts, l'on ftipule que le furvivant des acquereurs jouïra pendant fa vie de l'ufufruit de tout le bien acquis. Cette claufe renferme fans contredit un Don mutuel, & par confequent elle femble contraire à la difpofition de notre Coutume.

II. Mais l'ufage a prévalu de telle maniere, que cette réferve mutuelle de l'ufufruit au profit du furvivant, eft de ftile dans tous les Contracts d'acquifition ; & je ne crois pas qu'on en trouve un feul dans le Reffort de la Coutume de Lorraine, où cette claufe ne foit inferée.

III. Et comme toutes les difpofitions coutumieres ne font devenuës
Loix que par le long ufage, nous devons tenir pour conftant, que cette
efpece de Donation réciproque de
l'ufufruit des acquêts au profit du furvivant, eft une exception à la regle
générale, qui n'a pas moins de force
que la régle même.

IV. D'ailleurs, cet ufage eft fondé
fur la difpofition de l'Article 1. du Titre II. de notre Coutume, aux anciennes, & de l'Article 11. du Titre II. aux
nouvelles. Par le premier de ces Articles, les meubles, & les chofes réputées meubles, demeurent au furvivant. Si l'acquifition n'eût point été
faite, les deniers fuffent reftez dans la
Communauté, & le furvivant les eût
emportez : ainfi rien ne paroît plus
jufte que de lui laiffer le produit d'un
bien, dont ces deniers ont acquêté
le prix.

V. Par le fecond Article, la femme
qui n'a point d'enfans d'un mariage

précédent, peut disposer au profit de son mari de l'usufruit des acquêts faits constant son mariage, & la Coutume l'autorise à cet effet, excepté dans le cas de force ou de contrainte. Que ce soit par Don mutuel, ou par ordonnance de volonté derniere, n'importe ; il suffit qu'elle soit autorisée par la Coutume, à disposer de cet usufruit, pour le pouvoir par l'un & l'autre de ces actes, qui tous deux n'ont leur effet qu'après la mort du Donateur.

Et ce qui ne laisse aucun lieu d'en douter, c'est l'Arrêt de la Cour du 25 de Janvier 1706, rapporté ci-dessus, où l'on remarquera, que la Dame Belchamp étoit Appellante de la Sentence du Bailliage de Nancy du 15 de Decembre 1705, en ce qu'on avoit accordé l'usufruit de la moitié des biens acquis par le Contract de 1688, au Sieur le Court Intimé ; & que la Cour mit sur cette appellation les Parties hors de Cour. Par là, elle jugea

gea que le Sieur le Court & la Dame Ignace-Françoise son épouse avoient pû valablement stipuler dans le Contract d'acquêt, dont il étoit question, une réserve de l'usufruit au profit du survivant, & que cette réserve ne tomboit point dans la prohibition du Don mutuel.

VI. De là on doit donc conclure, que chez nous le mari & la femme peuvent se donner mutuellement les choses dont la Coutume leur permet de disposer en faveur l'un de l'autre.

VII. Il en est de même, si par le Contract de mariage, il est stipulé que le mari & la femme pourront disposer de leurs biens au profit l'un de l'autre. Dans ce cas, l'on ne doit point révoquer en doute qu'ils ne puissent se donner mutuellement ce dont leur Contract de mariage leur a permis de disposer; & la Cour l'a jugé au rapport de feu M. Barret, par un de ses Arrêts du 5 de Janvier 1712. Voici le fait, qui donna lieu à cet Arrêt.   G

Le 3 de Juin 1684, Hyacinthe Bregeot Meunier à Gorhey, passa Contract de mariage avec Françoise Garnier, par lequel il fut stipulé, entre autres choses, qu'il y auroit entr'eux communauté de meubles & acquêts; que les meubles demeureroient au survivant en propriété, & les acquêts en usufruit, & qu'il seroit permis à la future épouse de disposer de la propriété de sa part & moitié des acquêts au profit de qui bon lui sembleroit, même du futur époux : à l'effet de quoi elle fut autorisée dés lors, sans qu'il fût besoin d'autre autorisation.

Le 3ᵉ d'Avril 1706, Bregeot & sa femme passent Contract pardevant Tabellion à Epinal, par lequel ils déclarent que le survivant d'entr'eux aura la propriété de leurs acquêts, & l'usufruit de leurs anciens.

Françoise Garnier meurt au mois de Mars 1709, & laisse une fille de son mariage avec Bregeot. Cette fille meurt quatre mois aprés sa mere.

Deux ans aprés, les parens & héri-
ritiers de Françoise Garnier & de sa
fille, s'élevent contre la Donation du
3 d'Avril 1706 ; prétendent que c'est
un Don mutuel, qui tombe dans la
prohibition de la Coutume, & font
assigner Brégeot au Bailliage de Vosges, à ce qu'il ait à leur abandonner
les biens anciens, échûs à sa fille par
le décés de sa mere, & à leur donner
partage des acquêts faits pendant la
communauté, avec restitution de
fruits depuis la mort de sa fille.

Brégeot offre d'abandonner les anciens, parce que ni la Coutume, ni
son Contract de mariage n'avoient
point permis à sa femme d'en disposer : mais pour les acquêts, il en soutient la Donation valable, fondé sur
la clause formelle de son Contract de
mariage.

Par Sentence du 29 de Juillet 1711,
il est condamné, de son consentement, d'abandonner les anciens, &
en outre à donner partage de la moitié des acquêts.   G ij

Bregeot en porte l'appel à la Cour, en ce qu'on l'a condamné d'abandonner la moitié des acquêts, & foutient qu'il eft vrai que la Coutume de Lorraine, Article 11. du Titre des Teftamens aux Nouvelles, ne donne la liberté à la femme de difpofer au profit de fon mari que de l'ufufruit de fa part des acquêts, non de la propriété; mais que cette difpofition fuppofe que la femme n'a pas d'ailleurs le pouvoir de faire plus par fon Contract de mariage, dont les difpofitions doivent être inviolables, felon le texte de la Coutume, dans les Articles 1. XIII. & XIX. du Titre II. aux anciennes, & en l'Article 11. du Titre des Succeffions aux Nouvelles (1).

Que par le Contract de mariage de Bregeot & de Françoife Garnier, il avoit été ftipulé que la femme pourroit difpofer en faveur de qui bon lui

(1) *Quidquid per tabularum matrimonialium rectum conscripserit, perpetualiter inconcussum permaneat*, dit la Loy Ripuaire.

sembleroit, même de son mari, de sa part & moitié des acquêts de la Communauté : qu'ainsi elle avoit fait ce qu'elle avoit pû faire.

Qu'à la verité, par le même Contract de mariage, il avoit été stipulé que les acquêts seroient partagez entre le survivant & les héritiers du prémourant ; mais que ce partage supposoit le cas, qu'il n'en auroit pas été disposé autrement : disposition dont la femme s'étoit réservé elle-même, par une clause postérieure, la liberté qui lui étoit interdite par la Coutume.

Qu'à l'égard du mari, l'Article VII. du Titre II. lui donnant le pouvoir de disposer à son gré de la totalité de ses acquêts, il peut le faire au profit de sa femme, suivant l'Article unique du Titre des Donations, & l'Article I. du Titre des Testamens aux Nouvelles.

A l'objection qui étoit faite à Bregeot, que la disposition de la femme étoit un Don mutuel, réprouvé par

la Coutume, & notamment en l'efpece préfente, où il y avoit inégalité
d'âge & de biens, il répondoit, que la
difpofition de l'Article iv. du Titre
dont il s'agit , par lequel les Donations mutuelles entre conjoints font
défenduës , ne pouvoit s'entendre que
pour les chofes dont la Donation eft
défenduë ; la Donation de la propriété des anciens, par exemple ; cette explication fe trouvant dans le texte
même de l'Article iv. qui s'énonce
ainfi : ,, Entre conjoints, les Dona-
,, tions mutuelles n'ont lieu : toute-
,, fois le mari peut valablement don-
,, ner fes meubles & acquêts à fa
,, femme.

Que fi par l'Article 11. des Teftamens aux Nouvelles , la femme ne
peut donner que l'ufufruit de fa part
des acquêts à fon mari, cette difpofition avoit été corrigée par le Contract de mariage ; & que dés que ce
Contract lui permettoit indéfiniment
de donner fa part des acquêts , fans

lui prescrire aucune espece particuliere de Donation, il lui permettoit
toutes celles que la Coutume défen-
doit.

Fabert sur l'Article IV. cité, l'a ainsi
décidé en ces termes : » Mais s'ils (*)
» se sont donné mutuellement l'usu-
» fruit de leurs meubles & acquêts,
» & que la femme n'ait enfans de ma-
» riage précedent, telle Donation se-
» ra valable, sans qu'il soit besoin en
» faire Donations separées ; parce que
» la Coutume leur permettant cette
» disposition, ne requiert pas deux
» Contracts en ce qui se peut expé-
» dier par un, & ne défend les Do-
» nations mutuelles qu'en choses qu'-
» elle a prohibé de donner. Consulté
» & jugé en un procés de Puleny en
» l'année 1603.

Si Bregeot & sa femme se sont donné la proprieté de leurs acquêts, ils
pouvoient le faire ; le premier, en vertu de l'Article IV. cité ; & la femme,

(*) Le Mari & la Femme.

G iiij

en vertu de ſon Contract de mariage,
dont l'autorité eſt plus forte que la
Coutume, puiſque la Coutume ordonne, au préjudice de ſes propres déci-
ſions, que la diſpoſition des Contracts
de mariage ſoit ſuivie.

Qu'en ce qui concernoit la difference d'âge & de biens, cela étoit in-
different, puiſque le Contract de mariage ne requéroit aucune de ces éga-
litez; qu'au fonds il n'y avoit que ſix
ou ſept ans de difference dans l'âge;
qu'au temps du mariage les deux E-
poux ſe portoient fort bien; & que
pour les biens, ils en avoient autant
l'un que l'autre, ſur-tout des acquêts,
où chacun d'eux avoit la moitié.

Par Arrêt du 5. de Janvier 1712, la
Cour a mis l'appellation, & Sentence dont étoit appel, au néant, en ce
que l'Appellant a été condamné de
donner partage aux Intimez de la
moitié des acquêts de la Communauté d'entre lui & Françoiſe Garnier,
& que ledit Appellant a été condam-

né à la vision de la Sentence : émendant quant à ce, a mis sur ces deux chefs les Parties hors de Cour, & condamné les Intimez aux dépens de cause d'appel.

CHAPITRE III.

Des Personnes à qui l'on peut donner.

SECTION I.

Des personnes qui peuvent ou qui ne peuvent point recevoir de Donations, suivant la Coutume.

§. I.

Des Personnes qui peuvent recevoir.

I. TOutes personnes sont capables de recevoir des Donations entre-vifs, Etrangers, Amis, Alliez, Parens, Femmes, & Enfans ; les termes de notre Coutume y sont formels. Voici comme elle s'exprime en l'Article 1. du Titre dont il s'agit, aux Anciennes.

II. » Toutes perſonnes qui ſont en
» leurs droits & puiſſance , peuvent ,
» par Donation ſimple entre-vifs, diſ-
» poſer librement de tous leurs biens
» anciens & patrimoniaux , *au profit*
» *de toutes perſonnes , voire de leurs*
» *Enfans.*

Et en l'Article unique aux Nouvelles, elle s'énonce de cette ſorte.

III. » Par Donations entre-vifs on
» peut diſpoſer de ſes meubles & ac-
» quêts à ſa femme, à l'un ou pluſieurs
» de ſes enfans ..... ou à tous autres
» généralement.

IV. Les termes de la Coutume, en
l'un & l'autre Article ſont généraux,
& comprennent toutes ſortes de perſonnes ſans exception ; car qui dit
tout , n'excepte rien ; & le mot *gé-*
néralement , mis à la fin du dernier
Article, donne encore plus de force
au terme *tous* , qui le précede ; & les
Rédacteurs ne s'en ſont ſervis , ſans
doute, que pour mieux faire comprendre que la Loy ne prive perſonne
du bénéfice qu'elle accorde.

§. II.

Le Mari ne peut recevoir de sa Femme.

I. CEpendant, quelque expreffifs & quelque généraux que foient fes termes, ils doivent être entendus fainement, & renfermez dans de juftes bornes.

II. Je l'ai déja remarqué, en parlant du Don mutuel. Le mari ne peut jouïr du privilége de cette Loy, & il porte en tout temps avec lui une incapacité légale de recevoir de fa femme par Donation entre-vifs. Cette incapacité eft fondée fur la difpofition de l'Article XXII. du Titre I. de notre Coutume ; & rien n'eft plus raifonnable que cette Loy.

III. La prévention a dans tous les temps, & prefque chez tous les Peuples de l'Univers, donné au mari fur la femme un empire defpotique & abfolu. Mais qu'ai je dit ? la prévention? Non, c'eft la Nature, ou pour mieux dire , l'Auteur même de la Nature,

qui a donné au mari sur sa femme ces
éclatantes prérogatives , pour punir
celle-ci d'avoir entraîné celui-là dans
cette désobéïssance funeste, qui est la
source de tous les maux qui nous en-
vironnent, & qui fondent sans cesse
sur nos têtes criminelles.

IV. Mais abuser de cet empire,
c'est s'éloigner absolument des vuës
saintes de celui qui nous l'a donné.
N'est-ce pas néanmoins ce qui arrive
tous les jours? Les hommes ne l'ont
reçu que pour en user en peres , ils
ne s'en servent le plus souvent qu'en
tyrans; & c'est pour prévenir l'abus
de ce pouvoir, que notre Coutume
ne veut pas que les hommes puissent
recevoir des Donations entre-vifs de
leurs femmes. Elle a sagement prévû,
qu'abusant de la puissance maritale, ils
pourroient arracher par la force &
par l'autorité, ce qu'ils ne pourroient
obtenir de l'amitié conjugale. Ce qu'il
faut pourtant entendre, s'il n'en a été
autrement disposé par le Contract de

mariage, ainſi que je l'ai remarqué
dans le Chapitre précedent, auquel
on peut recourir (").

§. III.

Des Femmes, & des Enfans.

Uoi que les Femmes & les Enfans ſoient capables de recevoir
des Donations entre-vifs, celles-là de
leurs Maris, ceux-ci de leurs Peres,
cette régle a ſes exceptions, dont je
réſerve à parler, quand j'expliquerai
quelle ſorte de biens on peut donner.

§. IV.

Du Mari.

Nfin, il n'y a que le Mari, à
proprement parler, qui ſoit déclaré par notre Coutume, incapable
de recevoir de ſa femme des Donations entre-vifs ; & le bénéfice de la
Loy ſemble s'étendre généralement à
toutes ſortes de perſonnes.

___

(") §. deinier, pag. 57. & ſuivantes.

§. V.

Des Peres & Meres, Tuteurs & Curateurs.

I. QUoi? dira-t-on, un Pere, une Mere, un Tuteur, un Curateur, un Administrateur, pourront aussi recevoir des Donations entre-vifs de leurs Fils, de leurs Mineurs, de leurs Pupiles? Ne sont-ils pas maîtres bien plus despotiques de leurs Fils, de leur Pupiles, de leurs Mineurs, que les Maris ne le sont de leurs Femmes? Que ne seront-ils point en état de leur faire faire? Ne les verra-t-on pas s'enrichir impunément des dépouilles de ces innocentes victimes, & leur sucer jusqu'à la derniere goute de leur substance? Ils ne trouvent déja que trop de moyens de les appauvrir, quelques précautions que les Loix ayent prises pour les en empêcher.

II. Mais ceux qui me feroient cette objection, auroient oublié ce que j'ai établi dans la seconde Partie de mes Remarques. Je crois y avoir prouvé demonstrativement, que les Fils de famille, les Pupiles, les Mineurs, & ceux qui font réputez tels, ne peuvent disposer de leurs biens entre-vifs. Ainsi l'objection tombe; & s'ils renferment en eux une incapacité légale de donner, leurs Peres & Meres, leurs Tuteurs, leurs Curateurs, les Administrateurs de leurs biens, en renferment une de recevoir.

III. Fabert sur l'Article 1. de ce Titre, sous les mots, *Au profit de toutes personnes*, dit que les Peres & Meres non remariez, peuvent valablement recevoir de leurs Enfans. » La raison » est, dit-il, que telles personnes font » exemptes de dol & de fraude, & » qu'il n'est pas à préfumer qu'un Pere » ou une Mere defirent jamais de s'ap- » proprier le bien de leurs Enfans, mê- » mes par moyens illicites.

IV. Cet Auteur se trompe assuré- ment, & il seroit inutile de répéter ici ce que j'ai dit plus haut, pour faire voir que les Fils de famille, & les Mineurs, ne peuvent, de quelque maniere que ce soit, donner entre-vifs.

V. Ce qui a fait tomber Fabert dans l'erreur, c'est, sans doute, la disposition de l'Article 276 de la Coutume de Paris, qui s'exprime en ces termes : » Les Mineurs, & autres personnes » étant en puissance d'autrui, ne peu- » vent donner ou tester directement » ou indirectement au profit de leurs » Tuteurs, Curateurs, Pédagogues, ou » autres Administrateurs, ou aux En- » fans desdits Administrateurs, pen- » dant le temps de leur administra- » tion ; & jusques à ce qu'ils ayent ren- » du compte. Peuvent toutefois dis- » poser au profit de leur Pere, Mere, » Ayeul ou Ayeule, ou autres ascen- » dans, encore qu'ils soient de la qua- » lité susdite, pourvû que lors du Te- » stament, & décés du Testateur, » lesdits Pere ou Mere, ou autres As- » cendans ne soient remariez.

VI.

VI. Mais l'on n'étend point ainsi les dispositions d'une Coutume à d'autres Coutumes, qui n'ont point de semblables dispositions : autrement ce seroit tout renverser ; & M. le Procureur Général le Febvre, dont tout le monde connoît les grands talens, & dont les Notes manuscrites sur Fabert m'ont été communiquées, rapporte un Arrêt d'Audiance, du Mardy .... Janvier 1697, par lequel la Cour a jugé, contre l'opinion de cet Auteur, que les Donations faites par les Mineurs au profit de leurs Peres ou Meres, quoi que non remariez, étoient nulles & de nul effet.

SECTION II.

Des autres personnes qui ne peuvent recevoir.

§. I.

Des Medecins, Chirurgiens, Apoticaires, & Empyriques.

NOtre Coutume ne parle pas des Medecins, des Chirurgiens, des

Apoticaires. Peuvent-ils recevoir de leurs malades des Donations entre-vifs ?

I. De tous les biens, aprés la vertu, la ſanté eſt celui que nous chériſſons ordinairement le plus. Sa conſerva-tion & ſon rétabliſſement, ont fait autrefois élever des Autels à la Mé-decine, & ont rendu ceux qui l'exer-cent, les Arbitres de nos vies. Mais ſi l'intégrité, le profond ſçavoir & le deſintereſſement en ont rendu quel-ques-uns recommandables, & peut-être dignes des Temples qu'on leur a bâtis, ils n'ont pas toujours eu des imitateurs; & ſi quelques-uns d'eux n'a-voient abuſé de leurs talens, nous ne ſerions point obligez d'en parler.

II. En effet, n'en a-t-on pas vû, qui par leur induſtrie nourriſſoient & fo-mentoient les maladies, pour ſe ren-dre plus néceſſaires à leurs malades, pour ſe les attacher, pour ſe les ſou-mettre (*) ? N'y en a-t-il pas eu d'au-

(*) Quid de tali Medico judicabis, qui nutriat

tres, qui ont mis volontairement leurs malades dans le péril de perdre la vie, par les remedes qu'ils leur ordonnoient à contre-temps, pour les obliger à leur laisser la possession de leurs biens (*y*) ? Qui ne sçait d'ailleurs, que les Medecins se flattent que l'effet de leur Art est si puissant, qu'ils peuvent dans sa pratique gouverner l'esprit comme le corps ; lui donner des qualitez contraires à celles qu'il a ; émouvoir, ou appaiser ses passions à leur volonté, & leur commander en maîtres ?

III. D'un autre côté, rien ne nous frappe davantage que l'objet d'un grand péril. La vuë d'une mort prochaine nous trouble, nous effraye ; l'esperance de l'éviter, & de se livrer de nouveau aux douceurs de la vie,

morbum morâ præsidii, & periculum extendat dilatione remedii, quo pretiosius & famosius curet. *Tertull. contra Marcion.* rapporté par Ricard, tom. 1. premiere part. ch. 3. sect. 9. n. 494.

(*y*) *Leg. Si Medicus, 3. D de var. & extraord. cognition.*

H ij

nous émeut, nous attendrit, & nous porte à tout sacrifier à la volonté d'un Médecin, sur les connoissances & sur l'experience duquel nous fondons notre salut.

IV. Toutes ces considerations porterent les Empereurs Valentinien & Valens à défendre aux Médecins de traiter de leurs salaires avec leurs malades, avant le rétablissement de leur santé (*z*) ; & le Jurisconsulte Ulpien nous apprend, que la Loy les avoit condamnez long-temps auparavant, à restituer ce qu'ils avoient arraché de leurs malades pendant leur maladie (*a*).

V. Les Parlemens de France se sont fondez sur les mêmes raisons, pour déclarer nulles toutes les dispositions,

(*z*) *Leg. Archiatri, C. de Professorib. & Medic.*
(*a*) Si Medicus, cui curandos suos oculos, qui eis laborabat, commiserat, periculum amittendorum eorum per adversa medicamenta inferendo, compulit ut ei possessiones suas contra fidem bonam æger venderet; incivile factum præses Provinciæ coërceat, remque restitui jubeat. *Leg. Si Medicus 3. D. de var. & extraord. cognition.*

ſoit entre-vifs, ſoit à cauſe de mort, faites en faveur des Medecins par leurs malades pendant leur maladie. Ils n'ont excepté de la regle, que les Medecins héritiers préſomptifs des malades; & s'ils ont quelquefois, mais tres rarement, confirmé des Donations, ou des legs faits en leur faveur; les circonſtances particulieres les ont déterminez; & l'on doit tenir pour regle certaine, que les Donations entre-vifs, faites aux Medecins par les malades pendant la maladie dont la cure leur a été confiée, ſont nulles & de nul effet. Ce que nous diſons des Medecins, s'entend des Chirurgiens, des Apoticaires, & ſur-tout des Empyriques (*b*).

(*b*) Voyez Ricard, tom. 1. premiere partie. ch. 3. ſect. 9. n. 494 & ſuiv. page 111. Ferrieres ſur l'Art. 276 de la Coutume de Paris, gl. 1. n. 50. & ſuiv. tom. 3. pag. 1223. Baſnage ſur l'Art. 439 de la Cout. de Normandie, tom. 2. pag. 252.

§. II.

Des Avocats, Procureurs, & Solliciteurs.

EN est-il de même des Avocats, des Procureurs, des Solliciteurs? Peuvent-ils recevoir des Donations entre-vifs de leurs Clients, de leurs Parties, de ceux pour qui ils sollicitent, tandis que les procés durent?

I. Suivant la Jurisprudence Romaine, un Avocat peut recevoir de son Client par Testament; il peut même en être institué héritier (*c*).

II. La Jurisprudence Françoise a suivi les dispositions du Droit Romain. L'on trouve plusieurs Arrêts, qui ont confirmé des dispositions testamentaires faites en faveur des Avocats par

(*c*) *Ulpian. in fragment. tit.* 22. *in principio. &* §. 2. *Institut. de hæred. instituend.* On prétend le prouver encore par l'autorité de Valere-Maxime, liv. 7. ch. 8. & non pas 9. comme cite Ricard, où l'on trouve ces termes: *Præteritis advocatis & Patronis suis solum hæredem reliquit.* D'où l'on conclut qu'il pouvoit les instituer. Voyez l'Auteur pag. 650.

leurs Clients; & l'on rapporte, que Monsieur l'Avocat Général Talon, portant la parole dans une affaire de cette nature, conclut pour la validité du testament : fondé sur ce que *la pureté du ministere des Avocats est détachée des mauvaises impressions qui ont mis les Medecins, les Chirurgiens & les autres dans la prohibition* (*).

III. Il semble donc qu'on devroit conclure, qu'ils peuvent de même recevoir entre-vifs.

IV. Cependant, si l'on prend garde que la considération de nos interêts ne nous soumet pas moins à ceux qui les défendent, que le ressentiment de nos maux, à celui qui peut les guérir; & que les Medecins de nos biens n'ont pas moins d'empire sur nos sens, que les Medecins de nos corps; on se déterminera facilement à regarder les

(*d*) Du Fresne Journal des Audiances, tom. 1. liv. 7. ch. 5. pag. 684. Henris, tom. 2. liv. 4. quest. 55. pag. 463. & suiv. Ferrieres sur l'Art. 276. de la Cout. de Paris, gl. 1. n. 58.

H iiij

Donations entre-vifs, faites aux Avocats par leurs Clients dans le temps
de leurs procés, comme des fruits il-
légitimes d'une crainte imminente;
elles deviendront bien-tôt fufpectes de
furprifes, & aprés l'on ne doutera plus
qu'elles ne procédent d'une caufe injufte & fuperieure, à laquelle celui
qui a donné, n'a pu réfifter.

V. N'eft-ce point d'ailleurs un efpé-
ce de pacte de *quotâ litis*, que ces fortes de Donations ? Et fi ce pacte eft
défendu aux Avocats, de quelque maniere qu'il foit conçu, à peine de nullité & d'amende (*e*); pourroit-on juger en faveur d'une pareille Donation?

V I. Les Loix Romaines ont réprouvé toutes ces fortes d'actes; elles
les ont déclaré nuls (*f*). Les meilleurs

____

(*e*) Art. 6. du Tit. des Avocats & Procureurs,
dans l'Ordonnance Civile, pag. 35.

(*f*) Nullum cum eo Litigatore contractû, quem
in propriam receperit fidem, ineat Advocatus, nullam conferat pactionem. *Leg. Quifquis* , §. *Prærerea,*
C. de Poftul. où la Gloffe ajoute : *Quia omnia daret*
propter timorem litis , ficut infirmus propter timorem
mortis.

Auteurs ont foutenu de même, que les Donations entre-vifs, faites aux Avocats par leurs Clients dans le temps de leurs Procés, étoient nulles; & les Arrêts de differens Tribunaux ont mis le fceau à leurs décifions (*g*).

VII. Mais en eft-il de même, fi ces Donations font faites par les Clients, lorfque leurs Procés font finis? Les motifs de crainte n'exiftent plus; les raifons de fuggeftion & de furprife font évanouies; plus de préfomptions, plus de foupçons. La libéralité devient jufte dans un temps où la crainte & la neceffité ont cefsé; & rien ne peut empêcher qu'on ne récompenfe alors un Avocat des foins qu'il s'eft donnez pour la confervation d'un bien, qui fans lui feroit peut-être pafsé en des mains étrangeres.

VIII. Auffi l'Empereur Trajan (*b*) permit-il aux Parties de donner, aprés

(*g*) Voyez Richard, tom. 1. part. 1. ch. 3. fect. 9. pag. 113. & fuiv. Ferrieres *loco citat.* n. 52. & fuiv.

(*b*) Pline, liv. 5. de fes Lettres.

le jugement de leurs procés, à leurs
Avocats des sommes beaucoup plus
grandes que celles qui étoient portées
en la Loy *Cincinna* ; & nos Livres
sont remplis d'Arrêts, qui ont confirmé ces Donations de la seconde espece (*i*).

IX. Il faut dire aussi avec les Auteurs (*k*), que les Donations entre-
vifs, faites aux Avocats par leurs Parens, sont valables dans le premier
cas, & qu'il en est de même, si les
procés sont de peu de consequence.
La même chose a lieu pour les Procureurs, & pour les Solliciteurs.

§. III.

Des Confesseurs & Directeurs.

Mais si le pouvoir qu'ont les Médecins sur leurs malades, &
les Avocats sur leurs Clients, les a fait

(*i*) Ricard, en l'endroit cité. Basnage sur l'Art.
439. de la Cour. de Normandie, tom. 2. pag. 251.
Ferrieres en l'endroit cité, & les Auteurs qu'il rapporte en grand nombre.
(*k*) Voyez ceux qui sont citez ci-dessus.

juger incapables de recevoir d'eux entre-vifs, que dira-t-on des Confesseurs & des Directeurs?

I. Avares moissonneurs dès biens du siécle, on sçait avec quelle ardeur ils courent presque tous à leur fortune par le chemin du Ciel. Que ne peut point d'ailleurs un ascendant paré de tous les dehors de la Religion? Et qui ne sçait que les héritiers se sont toujours beaucoup mieux accommodé des Medecins que des Confesseurs?

II. Mais tirons un voile respectueux sur ces mysteres; il n'est pas toujours permis de dire la verité, & le plus sûr pour moi, c'est de me contenter d'observer avec Ricard (*l*), qu'il y a lieu d'interdire ceux qui sont soumis à leur administration spirituelle, de disposer en leur faveur, tant par Donations entre-vifs que testamentaires; & qu'il en est de même des Communautez,

(*l*) Tom. 1. 1. part. ch. 3. sect. 9. n. 515. p. 115. & sect. 5. n. 305. & suiv. p. 67. & suiv. jusqu'aprés la 76ᵉ.

dont le Confesseur & le Directeur font membres (*m*).

§. IV.

Des Maisons Religieuses.

I. IL faut encore observer, que les Maisons Religieuses, que l'on a appellé des Familles éternelles, où il ne naît personne, & où tout se confond, ont été déclarées incapables de recevoir des Donations universelles, soit entre-vifs, soit à cause de mort (*n*). La Cour l'a décidé par trois de ses Arrêts; l'un du 30 Avril 1703, rendu entre Jean-Emmanuel Monier, Marchand Bourgeois de Mircourt, à cause de Françoise Malcastel son épouse, Appellant; & les Prieure, Religieuses & Communauté de l'Ordre de saint Dominique, appellées Prêcheresses, Intimées. Le second, du 26 Juillet 1706, rendu entre les Prieur & Reli-

(*m*) Ibid. n 520. p. 116.

(*n*) Voyez Richard, tom. 1. part. 1. ch. 3. sect. 43. n. 616. & suiv. p. 138. & auparavant p. 137.

gieux du Convent des Carmes Déchauffez, établis prés la Ville de Pont-à-Mouffon, Appellans; & Barbe Harmant & Confors, Intimez. Le 3ᵉ du 23 Janvier 1708, rendu entre Jean-Charles Viriot à caufe de Jeanne-Marie Boiflé fa femme & Confors, Appellans; & les Prieure & Religieufes du Convent de l'Annonciade Célefte de la Ville d'Epinal, Intimées. On trouvera ces trois Arrêts de fuite, à la fin de cette Differtation.

§. V.

Des Concubines.

PEut-on donner entre-vifs à une Concubine, ou en recevoir?

I. On peut voir fur cette matiere les Auteurs citez (*o*), & on doit con-

---

(*o*) Chaffanæus *in confuetud. Burg.* tit. des droits & appartenances des gens mariez §. 7. *in verb.* Donation, n. 14. pag. 157. La Coutume de Berry, tit. 7. art. 5. & 9. & *ibi.* Ragueau. Bouvot. tom. 1. part. 1. pag. 245. Ricard tom. 1. part. 1. ch. 3. fect. 8. Bafnage fur la Cout. de Normandie, tom. 2. pp. 181. & 182.

clure avec eux, que ces sortes de Donations sont nulles. En effet, notre Coutume ne permet pas aux conjoints par un mariage légitime, de se donner mutuellement; elle défend au mari d'autoriser sa femme pour disposer en sa faveur, parce que leur amour mutuel pourroit les porter à se dépouiller réciproquement : Et l'on permettroit de donner à des gens prévenus d'une passion criminelle; aux esclaves d'un amour violent & déreglé, à des personnes soumises à un aveuglement déplorable, qui leur ferme les yeux sur toutes les considerations publiques & particulieres, & qui ne leur permet pas même de réfléchir sur la turpitude de leur conduite, & sur le déreglement de leur vie? Se déclarer pour de pareilles Donations, ce seroit autoriser le desordre, préferer un crime honteux à un auguste Sacrement, le concubinage au mariage. C'est ce qu'un Chrétien ne doit pas même penser.

§. VI.

Des Bâtards.

IL faut dire la même chose des Donations entre-vifs, faites aux Bâtards, lesquelles sont ordinairement déclarées nulles, ou réduites aux simples alimens (*p*).

§. VII.

Des Condamnez à mort.

IL en est de même des Condamnez à mort, qui sont aussi incapables de recevoir des Donations entre-vifs que d'en faire ; parce que la condamnation à mort les prive de tous les effets civils, & par consequent du bénéfice de la Loy, qui permet de donner & de recevoir (*q*).

(*p*) Voyez sur cette matiere, d'Argentré sur la Cout. de Bretagne, pp. 1063. 1769. 1771. & 1772. La Cout. de Berry tit. 19. art. 29. *& ibi.* Ragueau, & la Thomassiere, pag. 617. & suiv. Anne Robert, Plaidoyer 14. pag. 344. & suiv. Basnage sur Normandie, tom. 2. p. 249. & 250. Bacquet, pp. 767. 769. 771. & suiv. Ricard *loc. cit.*

(*q*) Statum libertatem & civitatem perdunt. *Leg. ult. D. de pœnis.*

§. VIII.

Des Magistrats.

JE ne parlerai point des Donations entre-vifs faites aux Magistrats ; ceux qui voudront s'en instruire, pourront consulter Ricard (*r*).

SECTION III.

Des Donations indirectes.

MAis ne peut-on pas donner indirectement à toutes les personnes, auxquelles la Coutume & la Jurisprudence défendent de donner directement ?

I. On donne indirectement en deux manieres ; ou par déguisement de Contracts, ou par interposition de personnes.

II. Pour découvrir le déguisement d'un Contract, il ne faut point s'arrêter à la forme, ou à la dénomination que les contractans lui ont don-

(*r*) Tom. 1. part. 1. ch. 3. sect. 9. n. 521. & suiv. pag. 117.

néc :

né : car s'ils ont déguisé sous le nom de vente une veritable Donation, & que cela paroisse par des preuves certaines, ou par des préfomptions violentes; ce Contract sera pris pour un avantage indirect, & fujet à la prohibition de la Loy, fi la Donation se trouve faite à une personne interdite par les Loix de recevoir (*s*).

III. L'autre moyen de donner indirectement, est par l'interposition de personnes. Mais la question est de sçavoir en quel cas on doit préfumer cette interposition de personnes,& jufqu'à quel degré de parenté elle doit être étenduë, pour rendre une Donation nulle.

IV. Par le Droit Romain, cette interposition de personnes n'étoit préfumée que contre ceux qui étoient fous la puiffance de la personne à laquelle il étoit défendu de donner

(*s*) *Leg. s. §. Si donationes,& §. Circa venditiones.*
L. 32. §. Si inter virum & uxorem.D. de Donat. inter
vir & uxor.

I

(¹) : & réguliérement, fuivant Bafnage dont j'ai emprunté cette remarque (ᵘ), nous ne confiderons que deux fortes de perfonnes, qui foient tellement conjointes, que leurs interêts ne puiſſent être feparez ; comme le Pere & les Enfans, le Mari & la Femme.

V. Fabert (ˣ) foutient que toutes les fois qu'un acte défendu vient acceffoirement, & par une confequence néceffaire, à un acte permis, on peut faire indirectement ce qui n'étoit point permis même directement (ʸ). Fondé fur ce principe, il décide qu'un Pere peut autorifer fa femme à difpofer au profit de fes Enfans, quoi que l'ufufruit des biens donnez

(ᵗ) *Leg. 1. Leg. 5. § Generaliter. Leg. 32. Orator, D. de Donat. inter vir. & uxor.*

(ᵘ) Sur l'Art. 439. de la Cout. de Normandie, page 252. du tom. 2.

(ˣ) Sur l'Art. 22. du Tit. 1. de notre Coutume.

(ʸ) Il a apparemment tiré cette maxime de la 8ᵉ decif. de la Rote, *de confuetud. in antiq. fol. 8. col. 2. n. 2.* où il eft dit: *Per medium non prohibitum, poteft fieri tranfitus ad effectum non permiffum.*

doive paſſer au Pere. La raiſon qu'il
en rend , c'eſt que cet uſufruit ne
paſſe point au Pere en vertu de la
Donation , mais par la diſpoſition
même de la Coutume , qui donne au Pere l'uſufruit des biens de
ſes Enfans (z). Et M. le Febvre, dans
ſes Notes manuſcrites ſur cet Auteur,
dit que le 24ᵉ Juillet 1670 , il fut jugé
à la Cour, que le Mari peut valablement autoriſer ſa femme, pour donner aux Enfans qu'il a d'un premier
Lit ; plaidans feu Monſieur le Préſi-
dent Georges pour Marguerite Di-
not , Appellante d'une Sentence du
Bailliage de Nancy du 19 Février, &
Mᵉ Guinet pour François Conrard
Intimé, héritier collatéral de la Do-
natrice , qui n'avoit point d'Enfans,
& qui avoit cauſé la Donation pour
récompenſe de ſervices. La Sentence
avoit jugé la Donation nulle ; & Monſieur le Febvre remarque encore, que
l'Intimé ſe ſervoit d'un Préjugé du

______
(z) Art. 1. du Tit. 4. de notre Coutume.

Parlement de Metz du 5 Octobre 1657, confirmatif d'une Sentence du Bailliage de Nancy du 13 Juillet précedent, qui avoit jugé la même chose que celle du 14 Février 1670, & renduë entre les héritiers de Mengeon des Pierres, femme de Pierre Breton, & les Enfans du 1ᵉ. lit de ce dernier.

VI. Mais outre que l'Edit des secondes Noces, dont je parlerai dans la suite, a statué le contraire de ce qui a été décidé par l'Arrêt de la Cour du 24ᵉ de Juillet 1670; je ne serois point du tout de l'avis de Fabert: car si sa maxime avoit lieu, ce seroit rendre illusoire la disposition de la Coutume, qui porte en termes formels, ,, que le Mari ne peut autoriser sa fem- ,, me de contracter, ou autrement ,, disposer, pour l'avantager directe- ,, ment ou *indirectement* (*) ,,. Inutilement auroit-on inseré ce dernier terme dans sa disposition, s'il étoit permis de se servir de voyes obliques,

(*) Art. 22. du Tit. I.

pour donner indirectement ce qu'elle défend de donner ; & si le raisonnement de Fabert étoit un argument concluant, on pourroit dire de même, qu'une femme pourroit donner aux Pere & Mere de son Mari ; & que si celui-ci devenoit un jour maître des biens donnez, ce seroit moins en vertu de la Donation, que par l'ordre des Successions établi par la Coutume.

VII. Ce raisonnement de Fabert me paroît tout à fait faux, & contraire à l'esprit de notre Coutume ; & je suis d'avis que lorsque la Donation est faite, de maniere qu'elle puisse en quelque sorte que ce soit, tourner au profit de la personne interdite ; quelque nom que l'on ait emprunté, & de quelque personne qu'on se soit servi, la Donation ne peut subsister.

VIII. Et qu'on ne croye pas que ce sentiment me soit particulier : c'est celui de Basnage (*b*). » Nos Coutu-

(*b*) *Loco citato.*

I iij

» mes, dit-il, ne défendent pas feu-
» lement de donner directement ; il
» n'est pas permis de le faire indire-
» ctement par l'interposition de per-
» sonnes ; & l'on passe encore quelque-
» fois plus avant : car il est même dé-
» fendu en quelques rencontres, de
» donner non seulement aux enfans
» héritiers présomptifs de celui qui
» est interdit de recevoir la Dona-
» tion, mais encore à ses Parens.

IX. En effet, donner aux Enfans, n'est-ce pas donner au Pere ? Donner aux Parens dont celui qui est inter- dit peut hériter , n'est-ce pas donner à l'Interdit ? N'est-ce pas, en l'un & l'autre cas, donner contre la dispofi- tion des Loix, & les rendre inutiles & illufoires ? Mon fentiment peut n'être pas fuivi : mais je le crois conforme au fens litteral de la Loy ; & j'avouë que j'aime à me tromper avec un Guide auffi excellent que Bafnage. Mais par- lons des biens qu'on peut donner.

CHAPITRE IV.

Quels biens on peut donner.

SECTION I.

Des biens anciens.

§. I.

Des biens en général.

I. NOus pouvons donner tous nos biens anciens ; c'eſt à dire, ceux qui nous ont été tranſmis par nos Ancêtres : tous nos biens patrimoniaux, ou que nous tenons de nos Peres & Meres , & qui nous ſont propres naiſſans : tous nos acquêts ; ce ſont ces biens que nous ne devons qu'à notre travail, à notre induſtrie, à notre bonne fortune : tous nos meubles, ou ces biens que l'on peut tranſporter d'un lieu en un autre : enfin l'on peut donner toutes ces choſes, non ſeulement en particulier & ſéparément, mais encore en général, & toutes enſemble.

I I. Mais l'on en difpofe, foit en particulier, foit en général, differemment, & fuivant les differentes perfonnes à qui l'on donne. Je m'explique ; & je commence par les Biens Anciens & Patrimoniaux.

§. II.

Des Biens anciens & patrimoniaux.

QUoi que ces deux fortes de Biens foient differentes, ainfi qu'on vient de le dire; cependant la même régle fe doit fuivre dans la difpofition des uns & des autres, & l'on peut en difpofer au profit de toutes fortes de perfonnes, ainfi qu'il eft porté en l'Article 1. de notre Titre, en ces termes : » Toutes perfonnes qui » font en leurs droits & puiffance, peu- » vent, par Donation fimple entre- » vifs, difpofer librement *de tous leurs* » *biens anciens & patrimoniaux , au* » *profit de toutes perfonnes, &c.*

I I. Cette difpofition de notre Coutume paroît exorbitante & injufte.

Quoi? un homme pourra diſpoſer de tous ſes biens anciens & patrimoniaux par Donations entre-vifs, au préjudice de ſes Enfans, de ſes Parens légitimes, en faveur d'un homme qui ne lui eſt attaché que par les liens de l'amitié, ou par quelqu'autre liaiſon étrangere? La Coutume en cette occaſion n'eſt-elle point contraire à elle-même? Dans cet Article elle donne un plein pouvoir de diſpoſer de tous ſes biens anciens & patrimoniaux; & par les Articles III. du Titre des Teſtamens aux anciennes & aux nouvelles, elle reſtraint ce pouvoir juſqu'au quart ſeulement de ces mêmes biens. D'où vient cette diverſité? Pourquoi lâcher la bride à un Prodigue, dans une Donation entre-vifs? & lui mettre un frein dans une Donation à cauſe de mort, dans un Teſtament? Pourquoi plus de liberté dans un Acte que dans l'autre? Quelle contrariété!

III. On pourroit dire, pour la juſtification de ces diſpoſitions, qu'il n'étoit pas néceffaire de reftraindre par une Loy, dans un Pere, dans une Mere, la faculté de donner, que la Coutume accorde. En effet, de toutes les Loix, celles de la Narure ne font elles pas les plus fortes & les plus sûres? Elles font écrites dans le cœur de tous les hommes ; ils les portent fans cefse avec eux , elles leur font toujours préfentes. Si une vive reconnoiflance, les mouvemens d'une colere trop prompte, ou quelqu'autre chofe quelle qu'elle foit, peuvent quelquefois refroidir ou altérer les tendres fentimens d'un Pere, que ces nuages font bien-tôt diflipez ! & quelque épais qu'ils puiflent être, peuvent-ils vaincre les mouvemens de l'amour paternel ? Non, & il faut n'être pas homme, pour croire, pour penfer même, qu'un Pere fe dépouillera de fes biens au préjudice de fon propre fang. La Nature a reftraint dans fon cœur le pouvoir que la Coutume lui donne de difpofer de tous ces biens; & fi cette

Loy naturelle n'est point un lien assez fort pour le retenir, peut-on s'imaginer que toutes les défenses inserées dans les Loix humaines, pourront l'empêcher de satisfaire un caprice bizarre ? Tout homme qui aura assez de barbarie pour oublier ces Loix naturelles , aura, sans doute, assez d'adresse pour éluder les Loix civiles ; & toutes les précautions de la Politique ne l'emporteront jamais sur celles de la Nature. D'ailleurs, la raison de la différence qui se trouve entre les Testamens & les Donations entre-vifs, c'est qu'à la mort l'on donne bien plus aisément des biens que l'on ne peut plus retenir, que l'on ne s'en dépouille pendant sa vie. C'est pourquoi la liberté est plus restrainte dans les Testamens, que dans les Donations entre-vifs.

IV. Cependant si d'un côté l'on réfléchit sur le cœur de l'homme, sur les mouvemens differens qui l'agitent, qui l'entraînent ; sur ces penchans si contraires à ceux du sang, qui l'emportent avec violence vers des objets étrangers, & qui l'y fixent ; si d'un autre côté on se représente des Enfans oubliez par leurs Peres, & réduits à l'aumône, par une générosité mal entenduë ; des héritiers légitimes dépouillez des biens de leurs Ancêtres ; les droits du sang & de la Nature anéantis par une prodigalité barbare ; les Loix naturelles & civiles, qui ont tant de soin d'assurer la légitime aux enfans, foulées aux pieds ; des Etrangers qui ne sont rien à une famille, enrichis de ses dépouilles & de son patrimoine ; on ne peut s'empêcher de convenir, que rien n'eût été plus juste que de borner cette puissance immense de donner entre-vifs, & de conserver à des enfans, à des petit-fils, à toute une famille, un bien, ou du moins la meilleure partie d'un bien qui leur appartient par tant d'endroits, & que la Coutume leur conserve en toute autre occasion.

V. Mais la Loy a decidé, & nous pouvons difpofer par Donation entre-vifs au profit de toutes perfonnes, de tous nos biens anciens & patrimoniaux.

VI. Cette régle eft générale : elle fouffre pourtant deux exceptions ; & nous ne pouvons donner ces biens à nos femmes, ni les donner tous à un feul ou à plufieurs de nos enfans, au préjudice des autres.

§. III.

Peut-on donner les biens anciens & patrimoniaux aux Femmes ?

I. IL eft vrai que notre Coutume ne défend pas en termes formels les Donations entre-vifs des biens anciens & patrimoniaux, au profit des femmes : mais elle ne les déclare pas moins incapables de recevoir ces a-vantages ; & c'eft ce que je prétens établir par la difpofition de l'Article iv. de notre Titre, dont voici les termes.

II. ” Entre conjoints, les Donations
” mutuelles n’ont lieu : toutefois le
” Mari peut valablement donner ses
” meubles & acquêts à sa femme….
” *& la récompenser sur son propre, du*
” *bien qu’il lui auroit vendu ;* ores qu’il
” ne fût obligé par son Contract de
” mariage.

III. Ces mots , *& la récompenser*
sur son propre, du bien qu’il lui auroit
vendu, prouvent invinciblement, si
je ne me trompe, que le Mari ne peut
que dans un seul cas, disposer par Donation entre-vifs au profit de sa femme, de ses biens anciens & patrimoniaux ; je veux dire, lorsqu’il a vendu
ou aliéné les biens de celle-ci : encore ne peut-il le faire , que jusqu’à la
concurrence de la valeur des biens
vendus.

IV. Dans tout autre cas, le Mari
ne peut disposer entre-vifs de ces biens
au profit de sa femme : car si la Coutume avoit prétendu que celle-ci seroit comprise sous ces termes, *au pro-*

fit de toutes perfonnes, inferez en l'Article 1. inutilement eût-elle ajouté
ceux qui fe trouve dans l'Article 1v.
Ils fuivent immédiatement ces termes
négatifs : *Entre conjoints les Donations
mutuelles n'ont lieu ;* ils en font une exception, de même que ces autres termes : *Toutefois le Mari peut valablement donner fes meubles & acquêts à fa
femme.* Ainfi je crois que le Mari ne
peut donner à fa femme tous fes biens
anciens & patrimoniaux, puifqu'il peut
feulement la récompenfer fur iceux
des biens qu'il peut en avoir vendus.

V. Il feroit, ce me femble, affez
inutile d'obferver qu'il n'eft pas néceffaire, pour rendre cette Donation,
ou cette récompenfe valable, que le
Mari fe foit obligé par fon Contract
de mariage, de remplacer fur fon propre, le bien de fa femme, qu'il pourroit aliéner : les derniers termes de
l'Article 1v. (*c*) ne fignifient autre chofe.

(*c*) Ores qu'il ne fût obligé par fon Contract
de mariage.

§. IV.

Des Donations des biens anciens & patrimoniaux aux Enfans.

I. VEnons aux Enfans. La Coutume, aprés avoir permis en l'Article 1. de notre Titre, à toutes perſonnes qui ſont en leurs droits & puiſſance, de diſpoſer librement par Donations entre-vifs, de tous leurs biens anciens & patrimoniaux, au profit de toutes perſonnes, ajoute : *Voire de leurs Enfans, pourvû que l'un deſdits enfans ne ſoit plus avantagé que l'autre.*

II. Il faut donc, pour qu'une Donation des propres, faite par un Pere à ſes Enfans, ſoit valable, que ceux-ci ne ſoient pas plus avantagez les uns que les autres; & il doit regner entre eux un juſte équilibre, une parfaite égalité : diſpoſition ſage, & fondée ſur un des principes fondamentaux de la Juſtice, puiſque l'égalité en eſt la partie la plus eſſentielle.

III.

III. C'est cette égalité qui entretient la paix dans les familles ; c'est elle qui fait sentir aux enfans, qu'ils ont tous la même origine, & que le même sang circule dans leurs veines ; c'est elle qui bannit ces desunions fatales, qui n'ont ordinairement pour principe que les hauteurs & les dédains qui suivent l'opulence ; les aigreurs & les mépris qui accompagnent la pauvreté & l'indigence.

IV. Mais cette régle, toute juste & toute équitable, a ses bornes. Le bien de l'Etat, & l'éclat des grandes Familles ont voulu qu'on s'en éloignât en faveur de ceux des Enfans qui doivent être l'appui, & faire la gloire des Maisons illustres ; & notre Coutume a permis aux Peres Gentilshommes de leur donner entre-vifs une des maisons anciennes, & le quart du bien ancien, au delà de la part des autres Enfans. Voici comme elle s'exprime, en l'Article 111. du Titre des Testamens aux nouvelles.

,, On peut entre Gentils-hommes,
,, par Donations entre-vifs , ou par
,, Teſtament , diſpoſer & ſubſtituer
,, valablement, pour une des maiſons
,, anciennes, & un quart du bien an-
,, cien en corps & fonds, entre les En-
,, fans ou autres de la famille du Te-
,, ſtateur , portant le nom & les ar-
,, mes, &c.

V. Cet Article eſt rélatif à l'Article 1. du Titre des Donations , qui
s'explique en ces termes : ,, Pour-
,, vû que l'un deſdits Enfans ne ſoit
,, plus avantagé que l'autre , hormis
,, des Maiſons fortes, s'il y en a , com-
,, me il ſera dit expreſſément au ca-
,, hier des Coutumes nouvelles.

VI. Mais notre Coutume ne dit
point au profit duquel des Enfans cette Donation entre-vifs ſe peut faire ;
ſi c'eſt ſeulement au profit de l'aîné,
ou à l'avantage d'un des cadets indifferemment, ou même d'une fille ; &
c'eſt ce qui me paroît faire bien de la
difficulté.

VII. Par l'Article 1 v. du Titre des Successions aux nouvelles, la Coutume accorde à l'aîné, ou à son représentant en ligne directe, par préciput, & sans obligation d'aucune recompense, le Château, ou la Maison forte, & toutes les autres prérogatives qu'elle y énonce (*d*).

VIII. De sorte qu'elle paroît contraire à elle-même. Elle donne, dans cet Article, à l'aîné, ce qu'elle semble permettre qu'on lui ravisse par les autres Articles dont je viens de parler. Toutes ses vuës, dans le Titre des Successions, se sont fixées sur l'aîné, parce qu'il est comme l'ame & la base de la Famille ; & dans les Titres des

(*d*) Le frere aîné, ou son representant en ligne directe, prendra par préciput, & sans obligation d'aucune récompense, le Château ou Maison forte, Basse-Cour, Parc fermé de murailles, Jardins & Pourpris contigus, avec le droit de Guet, de Bois de maronnage pour la réfection de la Maison ; Patronage & collation de la Chapelle Castrale, & de la Cure du Village où il a Maison, s'il y a droit de collation, &c. *Art. 4. du Tit. des successions aux nouvelles.*

K ij

Donations & des Teſtamens, elle paroît le perdre de vuë, & l'abandonner aux caprices de ſon Pere. Elle le
revêt d'une main de toutes les prérogatives duës à l'aîneſſe ; & l'on diroit
qu'elle l'en dépouille de l'autre.

IX. D'un autre côté, elle exclut
les filles des ſucceſſions de leurs Peres
Gentilshommes, quand elles ont des
freres ; & par l'Article 1. du même Titre des Succeſſions, aux nouvelles (*e*),
elle ne leur donne pour toute ſucceſ-
ſion, qu'une ſomme de deniers, à la
volonté de leur Pere, s'il en a ordon-

(*e*) En ſucceſſions directes de Gentils - hommes , tant qu'il y a fils , ou deſcendans d'iceux ,
ils excluent les filles. En collaterales , ſi avant qu'il
y a freres , ou deſcendans d'iceux , leurs ſœurs ne
ſuccedent aucunement: ains pour toutes ſucceſſions,
ſoient mobiliaires ou immobiliaires , ont indiſtinctement ſomme de deniers , ſelon l'Ordonnance du
pere , s'il en a préciſément ordonné ; & s'il n'en a
ainſi ordonné , telle que les qualitez , moyens , &
facultez de leurs maiſons le peuvent donner,outre &
par deſſus les habillemens convenables à la décence
de leurs états , frais de Feſtin de Noces; le tout à
l'arbitrage des Parens. Et où ils n'en tomberoient
d'accord , ou en ſourdroient difficultez entre les
Parties , à ce qui en ſera arbitré ou jugé aux Aſli-
ſes. *Art. 1. du Tit. des ſucceſſions aux nouvelles.*

né ; c'est ce que nous appellons, Apportionnement. Ainsi si c'est à leur profit que la Donation de la maison ancienne , & du quart de l'ancien peut se faire , la Coutume fournit elle-même un moyen de rendre ses dispositions illusoires.

X. Fabert, ou plutôt celui qui a fait le Commentaire sur notre Coutume attribué à Fabert (*f*) , prétend, que » la Coutume présuppose qu'il y ait » plusieurs maisons anciennes, pour » que le Pere puisse en léguer une » conformément à l'Article III. &' » que s'il n'y en a qu'une, il ne peut » le faire au préjudice de son fils aîné, » qui est fondé de la prendre par son » droit d'aînesse : mais que si la disposition étoit entre-vifs, & que le Do-» nataire en fût possesseur réellement » & de fait lors du décés du Dona-» teur, elle seroit bonne & valable ,

(*f*) Sur l'Art III. des Testamens aux Nouvelles , sous les mots *Pour une des maisons anciennes*, pag. 276.

K iij

» & le fils aîné ne pourroit y préten-
» dre fon droit d'aînesse , parce que
» ce droit ne fe prend que fur les
» biens qui font en la possession du
» Pere, au temps de fa mort.

XI. Dumolin a foutenu de même,
(*g*), que le Pere n'ayant qu'un fief,
pouvoit le donner à fon puîné , ou à
des étrangers, en réfervant à fon aîné
la légitime fur d'autres biens ; & que
celui-ci pouvoit renoncer à fon droit
d'aînesse , du consentement de fon
Pere.

XII. Mais cet Auteur paroît contraire à lui-même : car il foutient aussi
(*h*), que le Pere, ni le fils ne peuvent
ni féparément, ni conjointement déroger au droit d'aînesse ; parce que le
fils ne tire pas fon droit de fon Pere,
mais de la Loy ou de la Coutume ;
d'où il conclut que le Pere ne peut
point ôter ce droit au fils.

(*g*) §. 8. *Confuet. Parif. in verb.* Pour fon droit ,
n. 15. & feq. fol. 114.
(*h*) *Ibid. n.* 7. *fol.* 112. *verfo.*

XIII. D'ailleurs quand il dit que le Pere peut donner ſon fief unique à ſon puîné, ou à un étranger, il veut que cette Donation ſoit nulle, s'il paroît qu'elle ait été faite en fraude du droit d'aîneſſe ; & il ne demande d'autre preuve de la fraude, que la Donation du fief en ſon entier. Il ajoute néanmoins, que cette préſomption de fraude ceſſe, & qu'une Donation de cette qualité eſt valable, lorſque le Pere a eu un juſte motif de la faire. Il donne pour exemple, le cas d'une alliance illuſtre que contracte le puîné, ou ſi la Donation lui eſt faite à cauſe de ſes grands talens, ou d'une dignité éminente à laquelle il eſt élevé. Dumolin a été ſuivi par Mᶜ Louis le Grand ſur la Coutume de Troyes (*i*).

XIV. Mais tous les autres Auteurs François (*k*) remarquent que le ſenti-

(*i*) Art. 31. du 2. Tit. gl. 2. n. 8. & ſuivans, p. 35.

(*k*) Mᵉ. Denys le Brun, traité des ſucceſſions. *tot. cap.* 2. du liv. 2. Voyez ſur-tout le n. 42. de la 1. ſect.

K iiij

ment de Dumolin n'a point été suivi, & que les Parlemens de France ont
jugé le contraire. Ils foutiennent donc,
qu'encore que le droit d'aîneſſe ne
ſoit point acquis à l'aîné pendant la
vie de ſon Pere, & qu'il n'ait qu'une
ſimple eſperance, & une attente in-
certaine, qui n'ôte pas au Pere la faculté d'aliéner les biens ſujets au droit
d'aîneſſe ; il ne peut néanmoins en diſ-

Idem. Traité de la Communauté liv. 3. ch. 2. n.
9. p. 293.

M. Louët lett. E. ſomm. 7. pag. 614. & ſuiv. &
ibi. Brodeau.

Ragueau ſur l'Art. 31. du tit. 19. de la Cout. de
Berry, p. 579 ſous les mots *Doit avoir*.

Auzanet ſur l'art. 13. du tit. 1. de la Cout. de Paris p. 13. & 17. dans les nottes.

Journal des Audiances, tom. 1. liv. 7. ch. 36. p.
737.

Journal du Palais. tom. 2. pag. 601. & 736.

De S. Leu ſur l'art. 128. de la Cout. de Senlis
pag. 89.

Ricard. tom. 1. 3. part. ch. 88. ſect. 8. n. 1036.
& ſuiv. p. 644.

Brodeau ſur l'art. 13. de Paris , n. 39. & ſuivans,
pag 130.

Soëve tom. 1. pag. 128. & tom. 2. p. 282.

Ferrieres ſur l'art. 13. de la Cout. de Paris gl. 2.
n. 11. tom. 1. p. 339. & ſuiv. Baſnage ſur l'art.
337. de la Coutume de Normandie pag. 513.

poſer entre-vifs au profit d'un puîné ou d'une fille ; & pour établir leur ſentiment, ils ſe fondent ſur la raiſon même, que Dumolin n'avoit rapportée que comme une raiſon de douter contre ſon opinion.

XV. Ils ajoûtent que cette queſtion ne fait plus à préſent de difficulté, parce qu'elle eſt fondée ſur les Arrêts, qu'ils citent en grand nombre ; & qu'on doit tenir pour conſtant , que le Pere ne peut diſpoſer des biens ſujets au droit d'aîneſſe, au profit de ſes autres enfans, ni y préjudicier, ou les diminuer en quelque maniere que ce ſoit ; parce que s'il étoit permis au Pere de diſpoſer de ſes fiefs, par acte entre-vifs, au profit des puînez, ou des filles, il pourroit éluder la diſpoſition de la Coutume ; priver ſon aîné de l'avantage qu'il ne doit qu'à la Loy , lui enlever un bien qu'il ne peut lui donner; & l'on ne peut ôter à un fils ce que l'on ne peut donner (*l*). Rudinger

____

(*l*) Non poteſt eripi filio quod à lege accepit.

Auteur Allemand (*m*), pousse les choses bien plus loin, & soutient qu'un
Pere ne peut priver son fils de son
fief par la voye de l'exhérédation ;
fondé sur des raisons tres solides, qu'on
peut voir dans l'Auteur même, & que
nous discuterons ailleurs.

XVI. C'est à la Loy de Nature
que nous devons la légitime ; & le
droit d'aînesse n'est autre chose qu'u-
ne veritable légitime. Si le droit posi-
tif, qui est la Coutume, a fixé cette
légitime, & l'a augmentée en faveur
de l'aîné ; cet augment n'est pas moins
censé dû par le droit de Nature (*n*) ;

Quomodo enim pater potest eripere, quod non
potest dare ? *Seneca , lib. 3. controvers.*

(*m*) *Variar. Lection. Juris Feudal. lib. 1. cap. 14.
pag 44. & seq.* de l'édit. de 1608.

(*n*) Ratio quia istud præcipuum est vera legiti-
ma primogeniti … Nec obstat quod istud præcipuum non est introductum à lege naturali, sed a lege consuetudinaria, & purè positiva, quia dico quòd
penes legem positivam consistit taxationem portio-
nis legitimæ, quæ jure naturæ debetur in genere
& indeterminatè filio vel filiis ; unde per legem positivam statuti vel consuetudinis potest augeri vel
minui … Et illud augmentum eodem jure naturæ
censetur debitum. *Molin. loc. cit. n. 11. fol. 113.*

& le Pere ne peut en quelque maniere que ce soit y déroger, qu'il
ne donne lieu à la querelle d'inoffi-
ciosité contre la Donation entre-vifs,
comme faite non seulement en fraude de l'aîné, mais encore en fraude
de la Loy naturelle, & de la Coutume (*o*).

XVII. Ces maximes ont un rapport parfait aux Loix que Dieu avoit
données à son Peuple. Par la Loy des
Hebreux, si un homme avoit deux
femmes, une qu'il aimât, & l'autre
qu'il haît; s'il avoit des enfans de l'u-
ne & de l'autre, & si le fils de la femme haïe étoit l'aîné; le Pere voulant
partager ses biens entre ses enfans,
ne pouvoit faire tomber au fils de la
femme chérie les prérogatives du
droit d'aînesse, & le préferer au fils
la femme qu'il n'aimoit pas; mais il
devoit reconnoître pour son aîné le

(*o*) Imò videtur talem alienationem ipso jure
nullam, tanquam factam nedum in fraudem primogeniti, sed etiam in fraudem consuetudinis.
Molin. ibid. n. 15. fol. 114.

fils de celle-ci, & lui conserver les droits d'aînesse & de primogeniture (*t*).

XVIII. Enfin Ferrieres (*q*) observe que cette Jurisprudence est une exception de l'Article CCLXXII. de la Coutume de Paris, qui permet de donner entre-vifs tous les meubles & héritages; & de l'Article CCCVII. qui permet aux Peres & Meres de donner à leurs enfans ce qu'il leur plaît, & aux enfans de se tenir à leur don, en renonçant à la succession.

XIX. Le Brun dit de même (*r*), » qu'un Pere ne peut préjudicier au

(*p*) Si habuerit homo uxores duas, unam dilectam, & alteram odiosam, genueritque ex eis liberos, & fuerit filius odiosæ primogenitus, volueritque substantiam suam inter filios suos dividere: non poterit filium dilectæ facere primogenitum, & præferre filio odiosæ, sed filium odiosæ agnoscet primogenitum; dabitque ei de his quæ habuerit cuncta duplicia: iste est enim principium liberorum ejus, & huic debentur primogenita. *Deuteronom. cap. 21. v. 15. 16. & 17.* Voyez encore *lib. 2. Paralip. Genes. 25. v. 31. & ibi.* Le Commentaire Litteral de D. Calmet.

(*q*) Loco cit. *p. 340.*

(*r*) Traité des Successions liv. 2. ch. 2. sect. 1. n. 42. p. 180.

» droit d'aînesse, en donnant en ma-
» riage à l'un de ses puînez, ou à sa
» fille, une somme considérable, à
» prendre sur tous ses biens, aprés son
» décés, puisque c'est à peu prés la
» même chose, de transporter le
» droit d'aînesse, ou d'en donner tout
» l'émolument à un puîné ; c'est faire
» indirectement ce qu'il est défendu
» de faire directement ; & en obser-
» vant les termes de la Coutume,
» contrevenir à ce qu'elle a voulu or-
» donner. Ainsi cette contravention
» au droit d'aînesse est encore plus ré-
» prouvée, qu'une translation expresse
» du droit d'aînesse, parce qu'elle est
» est aussi injuste, & par dessus cela
» elle est accompagnée de fraude.

XX. Si ces maximes ont lieu en France, elles doivent, à bien plus forte raison, être suivies parmi nous ; & je sou-
tiens en premier lieu, que s'il n'y a
qu'une Maison forte, le Pere n'en peut
absolument disposer entre-vifs au profit des enfans en général, ou d'un puîné

en particulier, & à plus forte raison, d'u-
ne fille. Outre les raisons que l'on vient
de lire, notre Coutume m'en fournit
encore d'autres, qui n'ont pas moins
de poids. Je tire la premiere de la difpofition de l'Article 1 v. du Titre des
Succeffions aux nouvelles, qui donne
cette maifon à l'aîné, à l'exclufion des
autres enfans.

” Le frere aîné (eft-il dit en cet Ar-
” ticle) ou fon repréfentant en ligne
” directe, prendra par préciput & fans
” obligation d'aucune récompenfe, le
” Château ou Maifon forte , Baffe-
” cour, Parc fermé de murailles , Jar-
” dins & pourpris contigu , avec le
” droit de Guet, de Bois de maron-
” nage pour la réfection de la maifon,
” Patronage & collation de la Cha-
” pelle caftrale , & de la Cure du Vil-
” lage où il a la Maifon, s'il y a droit
” de collation , &c.

La feconde raifon que me fournit la
Coutume, fe tire de l'Article 1. du Titre dont il s'agit, & de l'Article 1 1 1.

du Titre des Teſtamens aux nouvelles.

Le premier de ces Articles porte ainſi que je l'ay dit, que toutes perſonnes peuvent diſpoſer de tous leurs biens anciens & patrimoniaux au profit de toutes perſonnes, ,, Voire de leurs en- ,, fans, pourvû que l'un deſdits enfans ,, ne ſoit plus avantagé que l'autre, ,, horſmis *des Maiſons fortes*, s'il y en ,, a, comme ſera dit expreſſément au ,, Cayer des Coutumes nouvelles.

Par le ſecond Article il eſt porté, ,, qu'on peut entre Gentils-hommes, ,, par Donation entre-vifs, ou par Te- ,, ſtament, diſpoſer & ſubſtituer va- ,, lablement *pour une des Maiſons an-* ,, *ciennes, &c.*

Ces deux Articles ſont abſolument rélatifs, puiſque le premier renvoye au ſecond, ainſi que je l'ay deja remarqué. Or tous deux parlent en termes pluriels. Dans le dernier, la Coutume dit expreſſément : *Pour une des Maiſons fortes ;* elle ſuppoſe donc qu'il y a plus d'une Maiſon ; & de là je

conclus que s'il n'y en a qu'une, le Pere
ne peut valablement en disposer entre-
vifs, au préjudice de son aîné, en faveur
de ses puînez, ou des autres personnes
de sa famille.

XXI. Je dis en second lieu, que
cette Donation ne peut se faire au
profit d'une fille, au préjudice de ses
freres, quoi que l'Article 111. des Testamens aux nouvelles ne distingue
pas entre les Enfans. L'Article même
m'en fournit une preuve : car pour
rendre la Donation valable, elle doit
être faite au profit des Enfans, ou des
autres de la famille, portant le nom &
les armes du Donataire : or on sçait que
les filles passant d'une famille en une
autre, perdent & le nom & les armes
de la leur, pour prendre & le nom &
les armes de celles de leurs maris. Et il
ne sert à rien de dire que le Pere peut
leur donner, comme filles, ce qu'il
ne pouroit leur donner comme femmes : il suffit qu'elles puissent dans la
suite perdre leur nom, & porter d'autres

tres armes que celles de leur famille,
pour qu'on doive les exclure de la faveur de la Loy.

XXII. Je tire une seconde preuve
de l'Article 1. du Titre des Successions
aux nouvelles ; par lequel, ainsi que je
l'ay remarqué plus haut, il n'est donné
aux filles, quand elles ont des freres,
qu'une somme de deniers pour toute
succession, soit mobiliaire, soit immobiliaire.

XXIII. Enfin je prouve ma proposition par la disposition de l'Article
1. du Titre des Fiefs, qui exclut les filles
des Gentilshommes, des Fiefs, tant &
si long-temps qu'elles ont des freres,
ou qu'il subsiste des descendans d'i-
ceux.

XXIV. Si l'on fait attention à toutes ces differentes dispositions de la
Coutume, on ne pourra se dispenser
de convenir qu'elle n'a eû d'autres
vuës que d'y régler la légitime des Enfans des Gentilshommes. Celle des
filles y étant réduite au simple appor-

L

tionnement, quand elles ont des freres, un Pere ne peut, contre la disposition de la Loy, retrancher la portion de ceux-ci, pour augmenter la part de celles-là : il ne peut le faire qu'en fraude de ses fils & de la Loy ; ce qui lui est absolument interdit. Les droits du sang sont sacrez, personne ne peut y donner atteinte. Ce n'est point du Pere que les fils tirent ces differens avantages, c'est de la Coutume même ; & le Pere ne peut déroger à cette légitime Coutumiere par Donation entre-vifs, ainsi que je crois l'avoir démontré plus haut : Autrement, il pourroit faire indirectement, ce qu'il ne peut faire directement ; priver ses fils de ses Fiefs, & en investir ses filles, au préjudice de la Coutume, & en rendre toutes les dispositions illusoires.

SECTION II.

Des Meubles & Acquêts, & de la Legitime.

I. VEnons aux Acquêts & aux Meubles. J'ay dit plus haut, qu'on pouvoit les donner tous ; & la même regle doit avoir lieu pour les Donations des uns & des autres.

II. Par la disposition de notre Coutume, la généralité des Acquêts & des Meubles peut se donner à toutes sortes de personnes indifferemment, & sans aucune distinction ni limitation ; à la difference des biens anciens & patrimoniaux. Un Mari peut la donner à sa femme, au préjudice de ses enfans ; un Pere, à tous ses enfans, ou à un seul, au desavantage de sa femme, & de ses autres enfans. Enfin & le Mary & le Pere peuvent donner cette géneralité des Meubles & Acquêts à un parent, à un ami, à un étranger, au préjudice & de la Femme, & des Enfans. Telle est la décision formelle & expresse de l'Article unique de notre Titre aux nouvelles.

III. Mais ſi le Donateur n'a point de biens anciens & patrimoniaux, que deviendra la légitime de ſes Enfans, s'il donne tous ſes meubles & acquêts ?

J'avouë que rien ne paroît plus dur que cette diſpoſition de notre Coutume, & que rien ne ſemble plus déraiſonnable que cette liberté indiſcrete qu'elle accorde à un Pere liberal, de diſpoſer en faveur d'un étranger, au préjudice de ſon propre ſang. Mais l'on répond,

1°. Que ces biens viennent du ſeul travail du Donateur ; que c'eſt le fruit de ſes ſueurs, de ſes peines, de ſes veilles, de ſon œconomie, de ſon induſtrie, & ſouvent une faveur de la fortune, ou une production du mérite : qu'ainſi rien n'eſt plus juſte ni plus raiſonnable que cette liberté d'ouvrir & de répandre les tréſors que nous avons amaſſez, & que ce pouvoir de diſpoſer en maîtres de ce que nous ne devons qu'à nous-mêmes.

2°. Qu'un Pere vivant ne doit point de légitime à ses Enfans.

3°. Que notre Coutume ne connoît d'autre légitime que les trois quarts du bien ancien, qu'elle réserve aux Enfans dans l'Article 111. du Titre des Testamens aux anciennes. Aussi la liberté de disposer de tous nos meubles & acquêts, nous est-elle accordée par Testament, ou autres Ordonnances de volonté derniere, au profit de qui bon nous semble, & au préjudice de nos Enfans, par l'Article 1. du même Titre aux nouvelles ; à plus forte raison, d'en disposer entre-vifs.

IV. Mais il faut faire icy une observation importante. Un homme n'ayant pour tout bien que des meubles, par exemple, un Marchand, ne peut, nonobstant l'Article de notre Coutume, en disposer en faveur d'un de ses enfans, à l'exclusion des autres, lesquels doivent tous y avoir leur légitime, sans quoy ils seroient exhérédez.

Jugé par Sentence du Bailliage de Nancy, dont il n'y a point eu d'appel, du 18ᵉ Juin 1710, au profit de M. le Procureur General Mathieu, au nom de Madame son Epouse.

SECTION III.

Des secondes Nôces.

I. COnvenons pourtant que tous les liens du sang seroient bien foibles, pour retenir un Pere, & pour l'empêcher de tomber dans les piéges qu'une Marâtre adroite & interessée pourroit lui tendre. Aveuglé par un fol amour, & gagné par des caresses artificieuses, il ne voit plus alors que par les yeux de sa seconde epouse ; les volontez de celle-ci sont les loix souveraines de celui-là ; & ne voyons-nous pas, que le pouvoir d'une seconde femme va ordinairement jusqu'à forcer la nature à se taire dans le cœur d'un Mari, & à y effacer tous ses droits & ses priviléges ? Elle hait dans les enfans d'un premier lit, une rivale odieuse, qui lui a volé les prémices d'une tendresse, dont elle croit seule être digne. Si les regards innocens de leur Pere se tournent de leur côté, c'est leur mere qu'il considere, qu'il aime encore en eux. Tristes victimes d'une seconde passion, causes innocentes d'une guerre domestique & éternelle, il ne lui est plus permis de les voir, de les caresser, de les regarder en Pere, & ses soins les plus indifferens sont autant de démarches criminelles & irrémissibles. Bien-tôt on trouve les moyens de les éloigner ; leur vuë importune pourroit réveiller une tendresse assoupie & mal éteinte : ensuite on songe, si non à les perdre, du moins à les dépouiller de tout.

I I. Notre Coutume, en permettant aux Maris de donner tous leurs meubles & acquêts à leurs Femmes, semble avoir ouvert la porte à tous les malheurs que les seconds Mariages entraînent à leur suite. En effet à quelles extrêmitez ne se portera point une Marâtre, pour obtenir des biens, qu'elle fçait que la Loy municipale permet qu'on lui donne; & le defir d'en jouïr s'augmentera encore, par le plaifir d'en priver les enfans d'une rivale, qu'elle ne peut voir trop malheureux.

III. Mais nous n'avons plus rien à craindre de ces fuites funeftes. L'Augufte Souverain qui nous gouverne, a prévû ces accidens fâcheux, & ces pernicieufes confequences, qui peuvent prendre leur fource dans le pouvoir indéfini & abfolu que la Coûtume donne au Mari. Uniquement occupé du bonheur de fes fujets, Pere tendre & fenfible d'un Peuple fidéle & reconnoiffant, il a cherché, trouvé, & appliqué un reméde falutaire à un mal qui paroiffoit incurable. Il a renfermé dans de juftes bornes ce fol amour, cette tendreffe infensée des feconds Maris & des fecondes Femmes. Il a rétabli la Nature dans fes droits, dans fes priviléges; il a fauvé l'amour paternel du naufrage, en modérant ces prodigalitez indifcretes, indignes productions d'une passion nouvelle; il a conservé aux fruits négligez & malheureux d'un premier amour, le seul avantage qui leur reste; il a voulu leur servir de Pere, & suppléer par ses soins à une tendresse éteinte & ensevelie avec les cendres de leur mere. L'on entend assez, que je veux parler de l'Edit des secondes Noces, du 22 Septembre 1711 (*).

IV. François II. en donna un pareil en France en l'an 1560, dont le premier chef répond à la Loy *Hac Edictali*, & le second à la Loy *Fæmina, C. de secundis nuptiis*. Voici en peu de mots, ce qui y donna lieu. Anne d'Alegre, Dame de la premiere qualité, avoit eu sept enfans d'un premier mariage. Elle s'éprit d'amour pour George de Clermont, jeune Seigneur de merite. Les graces de la Dame étoient ridées, & sa passion n'en étoit que plus violente. Elle songea à s'acquerir George de Clermont; il fallut l'ache-

____

(*) On le trouvera ci-aprés.

ter , comme il arrive d'ordinaire.
Quand une femme , & fur-tout une
veuve furannée, fe livre à l'amour, que
ne lui facrifie-t-elle point ? Tous fes
biens, ceux de fes enfans, fi elle le peut,
& fouvent quelque chofe de plus. La
Dame d'Alegre fit des Donations im-
menfes à George de Clermont , &
paya fa main de la plus grande partie
de fes biens. Les murmures qu'excita
cette alliance, donnerent occafion au
Chancelier de l'Hôpital de perfuader
à François II. de mettre un frein à ces
folles amours, & de réprimer ces a-
vantages immodérez , par l'Edit de
1560. Et comme dans cet Edit il n'eft
parlé que des femmes qui fe remarient, & qu'il n'eft pas à beaucoup prés
fi clair que celui de S. A. R. les Auteurs
François y ont fait differens commentaires, aufquels les curieux peuvent avoir recours (*s*).

(*s*) M*r*. Cujas fur la Loy *Hac edictali* , *C. de fecun-
dis nuptiis.*

Le Commentaire de Carondas fur l'Edit des fe-

V. Je me contenterai de remarquer, 1°. Que l'Edit de 1711. comprend toutes sortes de personnes, hommes & femmes, qui convolent à de secondes noces, & qui ont des enfans ou de petits enfans d'un mariage précedent.

VI. 2°. Que ni ces hommes ni ces femmes ne peuvent s'avantager les uns les autres, soit par Contract de mariage, soit par Donations entrevifs, au delà de la portion qui appartiendra à celui de leurs enfans du premier lit, ou de leurs petit-fils, qui doit prendre le moins dans leur succession.

VII. 3°. Que la généralité des biens tombe dans la prohibition de l'Edit : Meubles, choses réputées meubles,

condes Nôces, inseré dans ses réponses du Droit François, pag. 210.

M^r. Louët, lettre N. somm. 1. 2. &. 3. *& ibi* Brodeau.

M^r. le Prêtre, cent. 1. ch. 49. pag. 151. & suiv.

Ferriere sur l'art. 279. de la Cout. de Paris, gl. 2. p. 1404. & suiv.

Ricard, des Donations, 3e partie, chapitre 9.

Le Brun, des Successions, livre 2. chapitre 6.

Le traité des secondes Nôces de M^e. Guillaume de la Champagne, & plusieurs autres.

acquêts, conquêts, biens anciens &
patrimoniaux, & généralement tous
les biens, de quelque nature qu'ils
foient, & d'où ils puiffent provenir.

VIII. 4°. Que fi la Donation excé-
de ce qui peut arriver dans la fucceffion du Donateur à fon enfant qui
prend le moins, elle eft réductible à la
portion de cet enfant.

IX. 5°. Que ces Donations font directement & indirectement défenduës, & qu'elles ne peuvent fe faire ni
par interpofition de perfonnes, ni par
déguifement de Contract (*u*).

X. Ainfi ni le mari ni la femme ne
peuvent donner à une perfonne étrangere ; qui doit rendre la chofe donnée, ou fon prix, à l'un des deux conjoints.

XI. Le Mari ne peut donner au pere ou à la mere de fa feconde femme ;
ni la femme au pere ou à la mere de
fon fecond mari, parce que l'avantage retourneroit à l'un ou à l'autre,

(*u*) Voyez ce que j'ay dit ci-devant chap. 3.

étant heritiers de leurs pere & mere.

XII. Cette Donation ne peut se faire aux freres & sœurs du second mari, ou de la seconde femme ; parce que la fraude est toujours présumée entre des personnes si proches.

·XIII. Elle ne peut se faire aux Enfans de l'un ou de l'autre ; parce que ce qui est donné au Fils, est censé donné au Pere, ou à la Mere.

XIV. Elle est nulle aussi, quand elle est faite à un parent collateral, quelqu'éloigné qu'il soit, si le mari ou la femme en sont heritiers présomptifs.

XV. Enfin ni le Mari, ni la Femme ne peuvent vendre leurs biens à toutes les personnes dont on vient de parler, ni les échanger, si ce n'est dans une nécessité pressante ; parce que ces sortes d'actes sont toujours censez faits en fraude de la Loy : ce sont des donations indirectes, faites au Mari ou à la Femme, qui ne manquent jamais d'en toucher le prix, ou d'en acquerir par ce moyen la proprieté.

XVI. Mais les Donations, ou avantages faits aux Enfans communs, tombent-ils dans la prohibition de l'Edit des secondes Noces?

La Cour a jugé la négative de cette proposition, par un de ses Arrêts du 23e Juin 1714, rendu entre Charles Hoquart Me Orphevre à S. Nicolas, & Consors, Appellans; & Claude François la Traye & Consors, Intimez (*x*).

XVII. Pour bien entendre cet Arrêt, il faut remarquer, que Charles la Traye Bourgeois de Mircourt, ayant trois enfans d'un premier mariage, passa en secondes noces avec Barbe Husson, & eut cinq Enfans de ce second Mariage. En l'année 1704, il fit un Testament olographe, par lequel il donna une somme de 4500 francs à chacun de ses Enfans du second lit. Etant decedé en 1712, les Enfans du premier lit se pourvurent contre le Testament de leur Pere, & l'attaquerent en la forme & au fonds.

(*x*) On le trouvera ci-après.

XVIII. En la forme, ils se fondoient sur la suggestion, & sur le défaut des termes *lû & relû*, & sur chacun article avoir déclaré la volonté.

La Cour passa sur ces deux moyens en la forme ; parce que les Testamens olographes ne sont point sujets aux mêmes formalitez que les autres Testamens , & qu'ils ne peuvent être suspectez de suggestion.

XIX. Au fonds , l'on prétendit que le Testament tomboit dans le cas de la prohibition de l'Edit des secondes Noces ; parce qu'encore qu'il parût d'une datte anterieure à l'Edit, il ne prenoit sa force que du jour du décés du Testateur, arrivé depuis l'Edit.

XX. Les Enfans du second lit soutenoient au contraire, que le Testament , quoi qu'olographe, ayant une datte anterieure à l'Edit , il n'étoit point sujet à ses dispositions ; & ils se fondoient sur la maxime vulgaire : *Leges futuris , non præteritis dant formam negotiis.*

XXI. Qu'au fonds, la prohibition portée par l'Edit, ne pouvoit tomber fur les Enfans communs des feconds mariages, mais feulement fur les Enfans nez des mariages précedens.

XXII. Ces conteftations donnerent lieu à l'Arrêt du 23 Juin 1714. La matiere ayant paru de confequence, parce que la décifion devoit fervir de Réglement, la queftion ne s'etant point encore préfentée depuis la publication de l'Edit, toute la Cour fut affemblée, & la queftion fortement agitée pendant deux feances. Elle rendit ce réglement, qui préjuge deux chofes.

XXIII. La premiere, qu'un Teftament ne prend fa datte & fa force que du jour du décés du Teftateur : qu'ainfi le Teftament fait avant l'Edit, n'étoit pas moins fujet à fes difpofitions le Teftateur étant décédé aprés la publication.

XXIV. Il fut préjugé en fecond lieu, que la réduction portée par l'Edit, n'avoit pas lieu pour les Donations

tions faites au profit des Enfans communs des seconds Mariages.

XXV. Le motif de l'Arrêt fut, que
cet Edit étant fait sur le modele &
pour les mêmes considerations que
l'Edit des secondes Noces fait en France par François II. en 1560, & cet Edit
n'ayant pris sa source & son fondement que dans la Loy *Hac ædictali*, &
dans la Loy, *Fæminæ*, *C. de secundis
nuptiis*, qui ne parlent point des enfans
communs nez des seconds Mariages,
il n'avoit pas lieu à leur égard ; avec
d'autant plus de raison, qu'il est pénal,
& qu'il ne peut par consequent avoir
d'extension.

XXVI. Cette Jurisprudence est
conforme à celle de France , & au
sentiment des Auteurs, qui ont été d'a-
vis, ue ce cas n'étoit point compris
dans l'Edit , pourvû que les Enfans
n'ayent pas servi de prétexte , pour
donner au second conjoint (*y*).

(*y*) Si color non fuerit quæsitus. *L. Item si*, *ff. de
senat. cons. Maced. L. Sulpitius*, *ff. de Donat.* Voyez

M

Je parleray de la seconde partie de l'Edit dans la derniere partie cette Dissertation, en traitant des causes qui donnent lieu à la révocation des Donations entre-vifs. C'est icy le lieu de parler des formalitez qui doivent s'y observer.

CHAPITRE V.

Des formalitez qui doivent s'observer dans les Donations entre-vifs.

SECTION I.

Des formalitez exigées par la Coutume.

§. I.

Quelles sont en general les formalitez des Donations entre-vifs.

I. NOtre Coutume nous prescrit, ou plutôt nous laisse seulement entrevoir deux formalitez dans les Dona-

M. Cujas sur la Loy *Hac adictali*, C. *de secundis nuptiis.*

Le Brun, des successions, liv. 2. ch. 6. sect. 1 dist. 2. n. 2. p. 334. & 335.

Ricard des Donations, tom. 1. part. 3. ch. 9. gl. 3. n. 1232. & suiv. p. 693. & suiv.

tions entre-vifs, mais qui sont si essentielles, que l'omission d'une seule feroit
absolument tomber la Donation. La
premiere, c'est l'acceptation du Donataire : La seconde, c'est la tradition
de la chose donnée par le Donateur.

II. Nos Ordonnances nous en pres-
crivent encore trois, qui ne sont pas
moins essentielles : la rédaction de
l'Acte par devant un Tabellion ou
Notaire; le Contrôlle, & l'Insinuation.

§. II.

Des formalitez requises par la Coutu-
me, & de l'acceptation en particulier.

I. EXaminons toutes ces choses en
particulier, & commençons par
les formalitez requises par notre Coutume. Voici comme elle s'exprime
en l'Article 2. aux Anciennes.

» Mais en telles Donations simples
» & de pure libéralité, si ce n'est en
» Traité de mariage, donner l'ancien
» en fonds , & retenir l'usufruit ne
» vaut ; ains faut que le Donataire

» ſoit réellement & de fait jouïſſant
» de la choſe donnée, à peine de nul-
» lité de la Donation.

De ces termes il réſulte néceſſaire-
ment deux conſequences. La premiere, que pour rendre valable une Donation entre-vifs, il faut que le Donateur y donne ſon conſentement, &
que le Donataire l'accepte. La ſeconde, que la Donation eſt nulle, ſi la tradition de la choſe donnée ne la ſuit
immédiatement.

II. De là cette maxime du droit
coutumier : *Donner & retenir ne
vaut ;* Maxime qui ne veut dire autre
choſe, ſinon qu'il faut que le Donateur ſe dépouille abſolument de la
choſe donnée, & que le Donataire
l'accepte, s'en revête, s'il m'eſt permis
de parler de la ſorte, & en ait la jouïſ-
ſance réelle & de fait.

III. Je pourrois dire bien des choſes
ſur l'acceptation des Donations: mais
on les trouve toutes digérées dans des
Auteurs qui ſont entre les mains de

tout le monde (ᶻ). On peut les con-
fulter ; & je crois qu'il me fuffit d'obferver avec eux, que l'acceptation eft
tellement de l'effence de la Donation,
que toutes fortes de perfonnes doivent, à peine de nullité, & fans efpe-
rance de reftitution, accepter par elles-mêmes ; ou par leurs Procureurs
fpécialement fondez ; ou par leurs
Tuteurs ou Curateurs, fi ce font des
Mineurs ; ou par leurs maris, fi ce font
des femmes ; formellement & par déclaration expreffe, inferée dans l'A-
&e même, ou jointe, & fignée par
l'acceptant, s'il fçait figner ; & s'il ne
figne point, il en doit être fait mention
dans l'A&e.

IV. Ce qui prouve la néceffité ab-
foluë de l'acceptation, c'eft qu'encore

(ᶻ) Ricard, des Donations entre-vifs & teftamentaires, tom. 1. part. 1. ch. 3. fect. 18. n. 792.
p. 177. & ch. 4. fect. 1. p. 183. & fuiv..
Ferriere fur la Coutume de Paris, tit. 13. §.
2. tom. 3. p. 1075. & fuiv.
Coquille fur Nivernois, ch. 27. art. 8. p. 272. &
un grand nombre d'autres.

M iij

que la Donation entre-vifs soit irrévocable de sa nature, elle peut cependant être révoquée tant & si longtemps qu'elle n'est point acceptée (*a*). La raison en est rapportée par Brodeau sur Monsieur Loüet (*b*). » C'est que quand la Loy dit, que les » Donations, comme tous les autres » Contracts, ne peuvent être révo- » quées ; cela s'entend des Contracts » parfaits & accomplis de toutes les » choses qui regardent, non la for- » me, mais l'essence de l'Acte. *Quibus nihil addendum superest, & quorum perfectionis ordo completus est* (*c*). Cet Auteur a dit plus haut, que l'acceptation est absolument de l'essence de la Donation.

(*a*) Voyez Coquille sur Nivernois, ch. 27. art. 8. p. 272 M. Loüet, lett. D. som. 3. tom. 1. p. 369. M. le Prestre, cent. 1. ch. 43. & 44. pag. 136. & suiv. M^e. Louis Legrand sur l'art. 140. de la Cout. de Troye, gl. 1. n. 24. pag 202. Basnage sur Normandie, p. 265.

(*b*) Lettre. D. somm. 5. n. 8. tom. 1. p. 371.

(*c*) *Leg.* **Cum te sponsa**, *C. de Donation. ante nuptias.*

V. Les François ont une Ordonnance (*d*) qui exige toutes les formalitez dont je viens de parler ; & c'est sans doute ce qui oblige leurs Docteurs modernes à être si rigides sur cet Article. Mais encore que nous n'en ayons point de semblable, je suis neanmoins d'avis que cette Jurisprudence doit avoir lieu parmi nous; fondé sur la nature de la Donation. C'est, comme on sçait, un Contract Synallagmatique, qui oblige l'un & l'autre des contractans ; & il est certain que ce n'est que par l'acceptation que le Donataire peut s'obliger envers le Donateur.

VI. De ce principe, on doit, ce me semble conclure en premier lieu, qu'un Notaire ou Tabellion, s'il n'est spécialement fondé de pouvoir, ne peut valablement accepter pour un absent, parce qu'il n'a pas de son chef le pouvoir d'obliger quelque personne que ce soit, sans le consentement de

______

(*d*) Elle est du mois de Fevrier 1549.

M iiij

cette même perfonne (*e*).

VII. En fecond lieu, que fi le Donataire vient à mourir avant que d'avoir accepté, la Donation devient caduque, faute d'acceptation ; & les heritiers ne peuvent par la leur en rectifier l'omiſſion. La raifon : C'eſt que fi la Donation n'eſt point acceptée, elle ne donne aucun droit au Donataire ; & l'acceptation étant perfonnelle, il ne peut tranſmettre à fes heritiers le droit d'accepter ; puifqu'ils ne fuccedent qu'aux droits acquis, & nullement à ceux que leur Auteur pouvoit acquerir.

VIII. Mais cette regle fouffre deux exceptions. Si la donation étoit faite à une perfonne & à fes enfans à naître, le défaut d'acceptation par le Pere, ne pourroit nuire aux Enfans ; & la Donation vaudroit encore, fi elle étoit faite par de futurs conjoints à leurs enfans à naître (*f*).

(*e*) Voyez Ferriere fur le tit. 13. de la Cout. de Paris, §. 2. n. 11. p. 1078.

Ricard. part. 2. fect. 18. n. 792. p. 177.

(*f*) Ferrieres en l'endroit cité, n. 15.

IX. Qu'un Mari accepte valablement une Donation faite à sa femme
sans sa procuration ; c'est une vérité
qui n'a besoin d'aucune preuve : il en
exerce tous les droits; la Coutume l'en
rend dépositaire, & le fait son Procureur fondé d'office dans toutes les affaires qu'elle peut avoir, sans qu'il ait
besoin d'autre pouvoir que de celui
que sa qualité de Mari lui donne (*g*).
Il en est de même des Tuteurs & des
Curateurs (*h*).

§. III.
De la Tradition.

I. J'Ay dit, & c'est la disposition formelle de notre Coutume (*i*),que
le Donateur doit absolument se des-
saisir de la chose donnée, & en abandonner la jouïssance réelle & de fait
au Donataire. C'est ce que nous ap-

(*g*) Voyez l'art. 8. du tit. 2. de notre Coutume.
(*h*) Article 11. du tit. 4. de la même Cout.
(*i*) Art. 2.

pellons *Tradition* ; & la Tradition eſt la ſeconde formalité requiſe dans les Donations entre-vifs.

II. Encore que régulierément, & ſuivant la maxime (*k*), l'on ne puiſſe donner la proprieté d'un bien, & s'en retenir l'uſufruit ; cependant il y a deux cas où notre Coutume le permet: dans les Donations à cauſe de Noces, & dans les Donations de meubles & acquêts.

III. Par l'article 2. de ce Titre (*l*), il eſt dit d'abord , qu'en Donations ſimples on ne peut donner ſon ancien fonds, & en retenir l'uſufruit ; mais en même temps il eſt ajouté : *Si ce n'eſt en traité de Mariage.*

IV. Ainſi, quoi que dans les Donations à cauſe de Noces, l'acceptation par le Donataire, & la tradition par le Donateur, ſoient abſolument neceſſaires ; cependant le Donateur peut s'y réſerver l'uſufruit du bien don-

(*k*) Donner & retenir ne vaut.
(*l*) Il eſt rapporté ci-deſſus.

né, contre la regle ordinaire des autres Donations entre-vifs.

V. Il en est de même dans les Donations de meubles & acquêts, ainsi
qu'il est expressément porté dans l'Article 2. Rapportons - en les termes.
» Toutefois en Donations simples de
» meubles & acquêts, donner & rete-
» nir vaut ; & pour operer telle tradi-
» tion, suffisent les clauses de consti-
» tut précaire, & retention d'usufruit.

V I. Le Constitut précaire est, comme on sçait, ce que nous accordons
aux prieres de quelqu'un, qui nous le
demande pour en jouïr pendant tout
le temps que nous convenons de le
lui laisser (*m*).

V II. Ainsi dans les Donations de
meubles & acquêts, le donateur peut
se réserver l'usufruit de la chose donnée, à la difference de la Donation du
bien ancien ; en déclarant neanmoins

____

(*m*) Precarium est quod precibus petenti conceditur tandiu, quandiu is qui concessit patitur. *Leg.*
1. ff. de precario.

par l'Acte de Donation, qu'il tient cet ufufruit à titre de conftitut précaire, ou pour toute fa vie, ou pour autant de temps qu'il plaira au Donataire de le lui laifier.

VIII. La tradition de la chofe donnée ne fe fait pas moins dans ces cas; parce que le Donateur ne fe réferve point cet ufufruit comme une chofe qui lui appartienne, mais comme une efpece de libéralité, procedant de la reconnoiffance du Donataire, qui eft devenu véritable proprietaire de cet ufufruit par la Donation du fonds.

IX. Mais d'où vient cette difference que la Coutume met entre les biens anciens, & les meubles & acquêts? Pourquoi permet-elle de retenir l'ufufruit des uns, & défend-elle de fe réferver l'ufufruit des autres? N'y a-t-il point de la contrarieté, ou de la bizarrerie dans ces differentes difpofitions? Non; les meubles & acquêts, ainfi que je l'ay dit, font les fruits de nos fueurs & de nos travaux; rien n'eft plus jufte que nous puiſſions en diſpoſer en faveur de qui bon nous ſemble ; & la Coutume, par une eſpece de récompenſe, nous en a facilité la diſpoſition entre-vifs, en nous permettant d'en retenir l'uſu-fruit.

X. Il n'en eſt pas de même des biens anciens & patrimoniaux : nous n'y avons rien mis du nôtre ; c'eſt à nos ancêtres que nous les devons ; & ils ne les ont d'ordinaire acquis & conſervez, qu'en conſideration de toute leur po-ſterité. Tous les hommes aiment à vivre, juſques dans le ſein de la mort même : portant leurs vuës bien avant dans l'avenir le plus reculé, & conſi-derant que la mémoire des plus grands hommes s'anéantit, s'ils n'ont laiſſé des monumens durables de leurs a-ctions, qui leur donnent comme une ſeconde vie, & portent leurs noms dans les ſiécles futurs; ils prennent plai-ſir à acquerir des biens, & à les tranſ-mettre à leurs deſcendans, comme le moyen le plus ſûr de vivre dans leur souvenir, & de leur laisser des marques sensibles & durables d'une tendresse vive & prévoyante, dont les soins se sont étendus jusqu'à leurs derniers neveux.

XI. Notre Coutume s'est en cela conformée à des vuës si naturelles & si loüables. Elles a regardé les biens anciens comme un dépôt, laissé par les Peres entre les mains de leurs enfans, pour les faire passer à leurs descendans : elle a pris un soin extrême pour les conserver dans les familles où ils ont pris leur origine, ainsi qu'on peut le voir par les differentes dispositions qu'elle contient à cet égard ; & si elle permet de les donner entre-vifs, elle punit en même temps le Donateur, par la privation de l'usufruit de ses biens : elle lui annonce sa ruïne, s'il s'en dépouille entiérement, quand il n'en a point d'autres ; elle semble même le détourner d'en disposer entre-vifs, en lui donnant un moyen plus commode d'exercer sa libéralité, par la permiſſion qu'elle lui accorde de donner ſes meubles & acquêts, & d'en retenir l'uſufruit.

SECTION II.

Des autres formalitez requiſes dans les Donations entre-vifs.

§. I.

De la rédaction de l'Acte pardevant un Notaire ou Tabellion.

I. POur rendre valable une Donation entre-vifs, il faut que l'Acte en ſoit paſſé pardevant un Notaire ou Tabellion. Je mets cette formalité la troiſiéme.

II. Par le droit ordinaire, les Donations entre-vifs peuvent ſe faire par écrit, & ſans écrit; par un ſimple meſſage, par une lettre: *Et perficiuntur, cùm Donator ſuam voluntatem ſcriptis, aut ſine ſcriptis manifeſtaverit* (p).

III. Robert Duc de Bar (q) par ſon

(p) *Leg. Abſenti, ff. de donat. Leg. Si aliquid, C. eod. tit. &* §. *Perficiuntur, inſtit. ibid.*

(q) Ce fut lui qui fit ériger le Comté de Bar en Duché. Il mourut en 1411.

Edit de l'an 1408 , défendit de passer pardevant les Juges, Greffiers, & autres qui n'étoient point Notaires, des Contracts translatifs de proprieté, sans exclure neanmoins la liberté de les passer sous seing privé : ainsi dés-lors les Donations d'immeubles faites pardevant ces sortes de gens, devenoient nulles.

I V. Cet Edit , qui n'avoit lieu que dans le Barrois , fut renouvellé par Charles le Grand Duc de Lorraine & de Bar , qui statua la même chose par son Ordonnance du premier d'Avril 1571. & par celle du premier de Mars 1605.

V. On ne doit pas douter que les Guerres sanglantes , & les funestes fléaux qui ravagerent la Lorraine depuis l'an 1633, jusqu'à ce qu'il plut au Ciel ramener le siécle d'or , en rendant S. A. R. aux vœux ardens de ses Sujets , n'ayent empêché l'execution de ces Ordonnances , & ne les ayent enfevelies dans l'oubli. Nos peres

chassez

chaffez de leurs foyers, & obligez
d'être fans ceffe en garde contre tous
les maux qui les environnoient, apprirent à fe pafler de Notaires & de Tabellions. La bonne foy dans leurs pro-
mefles, & leur exactitude à les acquitter, furent les feules loix qu'ils fuivirent
dans leurs conventions ; & la parole
donnée leur fervit d'Actes publics.
Mais l'éloignement du Souverain , &
des plus gens de bien ; le grand nombre d'étrangers de toutes nations qui
prirent la place des naturels du Pays,
ou qui fe mélerent avec eux ; en leur
donnant de la défiance , aprés les a-
voir trompez , leur apprirent qu'ils
devoient chercher à fe mettre à couvert des furprifes. Les habitans des Vil-
les eurent recours au miniftere des
Tabellions & des Notaires; & les gens
de la Campagne s'adrefferent à leurs
Juges & à leurs Greffiers , pour rédi-
ger leurs conventions. L'ignorance
de ceux-cy fut la fource d'un nombre
infini de Procés , & caufa la ruïne de

N

plufieurs familles. Mais l'Avénement
de S. A. R. à la Couronne de fes Peres
a ramené parmi nous , avec l'abondance & la tranquillité , l'ancienné
difcipline, & l'obfervance des Loix;
& fon attention à ne faire affeoir fur
nos Tribunaux que des Juges fages,
integres & fçavans, a caufé un heureux
changement, & a remis les Ordonnances en vigueur.

VI. Comme le mal étoit grand &
invéteré, ce changement ne s'eft point
fait tout à coup , & par-tout : Les anciens abus fe font confervez affez long-
temps en bien des endroits ; & l'illu-
ftre Magiftrat , qui prononce avec
tant de majefté les Oracles de Thémis
à la tête du Senat augufte auquel
S. A. R. a confié le glaive de la Juftice,
Monfieur le Baron Bourcier, dont le
nom feul fera mieux l'éloge dans les
fiécles à venir, que tout ce que l'éloquence parée de tous fes ornemens
pourroit en dire de plus furprenant,
fit rendre en 1715, le 6 de May, lorf-

qu'il étoit encore Procureur General, un Arrêt de réglement, par lequel l'exécution des anciens Edits fut ordonnée, sous les peines y portées, & de cent francs d'amende solidaire contre les contrevenans.

VII. Ces Edits & ce Réglement ne parlent point des Ecritures purement privées, qui se font sans la participation des Juges, des Notaires & des Tabellions; ils ne remedient point aux abus dont ces sortes d'Ecritures font la source. On sçait que les Actes sous signature privée ne portent aucune exécution parée; ils n'ont point de datte certaine, point d'hypoteque; ils sont sujets à la dénégation, & ne font foy qu'après avoir été reconnus en Justice. Ces motifs ont porté S. A. R. dans sa Déclaration de 27ᵉ de Juillet 1719, donnée sur l'Edit des Contrôles des Actes des Notaires & Tabellions, du 12ᵉ de Decembre précedent, à ordonner, „ Que toutes les Obligations, „ Constitutions, & autres conven-

» tions , foit perſonnelles , foit réelles,
» portant tranſlation de proprieté
» d'immeubles, feront paſſées & re-
» çuës par les Notaires & Tabellions;
» avec défenſe à toutes autres perſon-
» nes de paſſer aucun Acte ni Con-
» tract, à peine de nullité , & de 500
francs d'amende.

VIII. Mais l'Article 11. eſt bien
plus expreſſif pour notre matiere.
Voici ſes termes.

» Défendons auſſi à tous nos Vaſ-
» ſaux & Sujets de faire ſous ſignature
» privée, aucun Contrat de Mariage,
» d'acquêt, d'échange, ſubſtitution &
» *Donation entre-vifs* , à peine de
» nullité , & de 500 francs d'amende
» contre chacun des contrevenans.

Le texte de cette Ordonnance eſt
ſi clair, que je ne crois pas qu'il ait be-
ſoin de Commentaire, ni qu'on puiſſe me diſputer que la rédaction de
l'Acte par un Notaire, ou Tabellion,
ne ſoit parmi nous une des formalitez
eſſentielles des Donations entre-vifs.

§. II.

Du Contrôlle de l'Acte.

I. JE viens au Contrôlle du Contract de Donation. Nous ne connoiſſions point autrefois cette formalité; & elle n'a été introduite que par Edit du 12 du mois de Decembre 1718, pour fixer la datte & l'hypoteque du Contract, & pour couper racine aux fraudes auſquelles la mauvaiſe foi des contractans, & l'indulgence criminelle des Notaires & des Tabellions donnoient lieu journellement: précaution admirable, ſi elle coûtoit moins! mais cela n'eſt pas de mon ſujet. Il me ſuffit d'obſerver, en premier lieu :

II. Que tous les Actes reçus par les Notaires ou Tabellions, & par conſéquent les Donations entre-vifs, doivent être contrôlez & régiſtrez, huit jours au plus tard aprés leur datte.

III. En ſecond lieu, qu'annotation doit être faite de l'enregiſtrement ſur la Minute de l'Acte, & qu'il en doit

N iij

être fait mention dans la Groſſe &
dans les Expeditions.

IV. En troiſiéme lieu, que les Donataires ne peuvent acquerir aucun
privilége, aucune hypoteque ; point
de proprieté, point de droit, ni action,
ni exception, en vertu d'un Contract
de donation qui ne ſeroit point contrôllé ; & que l'Edit ne leur réſerve
qu'un recours, ſouvent verreux, contre les Notaires ou Tabellions qui ont
négligé de faire contrôller les Actes
de Donations entre-vifs.

V. Je paſſerai ſous ſilence les autres
diſpoſitions de cet Edit, qui ne concernent que les Notaires, ou Tabellions, & les Contrôlleurs : ils peuvent
recourir à l'Edit même, & à la Decla-
ration donnée en interpretation le 27
de Juillet 1719, dont j'ay parlé ci-deſſus.

§. III.

De l'Insinuation des Donations.

I. ENfin la derniere formalité qui met la perfection à la Donation entre-vifs, c'est l'Insinuation. Notre Coutume n'en parle en aucune maniere ; & Canon, l'un de nos Commentateurs, remarque qu'elle n'est point d'usage en Lorraine (*r*).

II. Cela étoit vrai de son temps, & long-temps aprés : mais pour remédier aux abus dont ce défaut de formalité étoit la source, la nécessité en a été introduite par Edit du 13 du mois de Décembre 1718.

III. L'Insinuation, est la publication & l'enregistrement, qui se font dans le temps préfigé par la Loy, pardevant un Juge compétent, à son audiance ordinaire, & dans son Greffe, d'une Donation rédigée par écrit , &

(*s*) Annot. sur l'art. 2. du titre dont il s'agit, pag. 260. n. 14.

acceptée par le Donataire (*t*).

IV. Toutes les Donations entre-vifs, en quelque forme & de quelque qualité qu'elles soient, sont sujetes à l'Insinuation (*t*) ; & cette Insinuation, qui n'est qu'une formalité, a elle-même des formalitez essentielles, dont l'omission, en la rendant nulle, feroit en même temps tomber la Donation.

V. En premier lieu, la Publication doit être faite en Jugement, & un jour d'audiance publique (*u*).

VI. En second lieu, la Donation doit être publiée & enregistrée, non seulement dans le Siége sous le ressort duquel le Donateur est domicilié ; mais encore dans les differens Siéges où chacune des choses données est assise, si les biens sont separez (*x*).

(*s*) *Insinuatio est donationis jam facta, & in scripturam redacta, eodem tempore quo fit, vel alio, apud Judicem competentem facta publicatio vel testificatio.* Gregoire de Toulouse, *in Symtagmat. Juris univers. part. 3. lib. 28. cap. 13. n. 3. p. 190. col. 2.*

(*t*) Art. 1. de l'Edit.

(*u*) Art. 1.

(*x*) Article 1.

VII. Si ce font des biens unis par feodalité, ou autrement, la publication & l'enregiftrement doivent fe faire dans le Siége du principal manoir & chef-lieu dont le furplus des biens dépend : avec cette difference néanmoins, que fi les biens donnez font biens de Fief, l'Infinuation doit fe faire dans les Bailliages & Siéges Bailliagers ; & que fi les biens font roturiers, la publication & l'enregiftrement fe font dans les Prévôtez, & dans les Siéges inferieurs (*y*).

VIII. Il eft tellement de l'effence de l'Infinuation, qu'elle fe faffe dans tous les Siéges differens où les biens donnez font fituez, que s'il y avoit de ces biens fous trois differens Siéges, & que la publication & l'enregiftrement n'euffent été faits que dans un de ces Siéges, on ne pourroit les objecter ni aux créanciers, ni aux tiers-détenteurs, ni aux héritiers du Donateur, pour les biens fituez dans les deux

(*y*) Article 2.

Siéges où l'Insinuation n'auroit point été faite ; & la Donation deviendroit caduque à l'égard de ces biens (*z*).

IX. En quatriéme lieu, la publication & l'enregistrement doivent se faire tant entre présens qu'entre absens, dans quatre mois, qui se comptent du jour de la datte du Contract (*a*).

X. Mais cette formalité n'est pas si fatale, que la publication & l'enregistrement ne puissent se faire aprés les quatre mois. Cependant pour être valables, dans ce cas, ils doivent être faits pendant la vie du Donateur & du Donataire, & des autres Parties contractantes : encore, la Donation ne vaut alors que contre les heritiers du Donateur ; & l'on ne peut l'opposer ni aux créanciers, ni aux tiers-detenteurs, qui ont contracté avec lui depuis la datte de la Donation, jusqu'à la publication & l'enregistrement (*b*)

(*z*) Article 6.
(*a*) Article 9.
(*b*) Article 10.

XI. La même chose a lieu, quand les Donations ont été publiées & enregistrées dans les quatre mois : car l'Edit réserve expressément les droits des créanciers, & des tiers-détenteurs, qui ont contracté dans le temps intermediaire d'entre la Donation & la publication (*c*).

XII. Enfin le défaut d'une seule de ces formalitez rend la Donation absolument nulle ; & la nullité prononcée par l'Edit, a lieu contre toutes sortes de personnes indistinctement ; contre les Majeurs, les Mineurs, & les empêchez de quelque empêchement se puisse être : de sorte qu'il ne reste aux Mineurs, & à ceux qui sont sous la puissance d'autrui, qu'un recours souvent infructueux, contre leurs Tuteurs, & les Administrateurs de leurs biens (*d*).

XIII. Mais ne peut-on pas suppléer la publication & l'enregistrement,

(*c*) Article 9.
(*d*) Article 3.

par quelques autres Actes équipolens ? Non ; & inutilement un Donataire prouveroit-il que les heritiers, les créanciers ou les tiers-détenteurs ont eu une connoiſſance parfaite de la Donation (*e*). Toute Donation entrevifs eſt nulle, ſi elle n'eſt inſinuée.

XIV. On demandera ſans doute, qui ſont ceux qui peuvent oppoſer ces nullitez ; & ſi toutes les perſonnes intereſſées peuvent le faire ? L'Edit nous preſcrit encore la regle que nous devons ſuivre. Il ne veut point que ces nullitez puiſſent être alléguées, 1°. Par les Donateurs ; & ſi un Donataire exigeoit l'effet d'une Donation, le Donateur ne pourroit exciper du défaut d'Inſinuation, ou des formalitez qu'elle exige (*f*).

XV. Ces nullitez ne peuvent être d'aucun ſecours aux heritiers d'un Tuteur, d'un Mari, ou de tout autre Adminiſtrateur du bien d'autrui. Ainſi

(*e*) Article 6.
(*f*) Article 7.

des Mineurs, une Femme, ou ses heritiers, qui se verroient frustrez d'une Donation, parce que leur Tuteur, son Mari, ou les Administrateurs de leurs biens auroient négligé de faire publier & enregistrer la Donation à eux faite, pourroient exercer leur recours contre les heritiers du Tuteur, du Mari, ou de l'Administrateur ; & ces heritiers ne pourroient objecter le défaut de formalitez ; parce qu'il est juste qu'il soient punis de la négligence de leurs auteurs ; parce que le benefice de la Loy n'est point introduit en leur faveur ; & qu'autrement le recours reservé par l'Edit aux mineurs, & à ceux qui sont sous la puissance d'autrui, deviendroit frustratoire (*g*).

XVI. Il n'y a donc que trois sortes de personnes qui puissent alléguer ces nullitez,& s'en servir contre les Donataires 1°. Les créanciers du Donateur. 2°. Ses heritiers. 3°. Les tiers-détenteurs des biens donnez ; ce qui doit

(*g*) Article 7.

s'entendre de ceux qui ont acquis de bonne foy, poſterieurement à la Donation, & qui ſont en poſſeſſion de la choſe donnée (*h*).

XVII. Enfin quoi que l'Edit exige toutes les formalitez dont je viens de parler, dans toutes les Donations ; il en diſpenſe neanmoins dans les Donations à cauſe de Noces, faites par les Peres & Meres, ou par les autres aſcendans, ſans clauſe de rétention d'uſufruit (*i*). Ces Donations ſont de la nature des Donations à cauſe de mort, qui ne contiennent point la clauſe de Fidei-commis, & qui ſont auſſi declarées exemptes de l'inſinuation (*k*).

(*h*) Article 7.
(*i*) Article. 5.
(*k*) Article 5.

CHAPITRE VI.

De quelle nature sont les biens donnez ;
& s'ils sont Propres ou Acquêts
aux Donataires ?

SECTION I.

Des biens dont le Donataire doit heriter
ab intestat.

I. DIstinguons d'abord, avec notre Coutûme, deux sortes de biens donnez : ceux dont le Donataire hériteroit *ab intestat* , & ceux ausquels il ne pourroit prétendre par droit de succession.

II. Les biens de la premiere espece sont propres au Donataire ; ceux de la seconde lui sont acquêts, si ce n'est que le Donateur ait stipulé dans le Contract de Donation , qu'ils tiendront nature de Propres au Donataire.

III. Si donc un Pere, une Mere, un Ayeul , une Ayeule donnent leurs biens entre-vifs à leurs fils, à leurs filles,

à leurs petits-fils, à leurs petites-filles ;
si un Oncle, une Tante, un Cousin,
un Arriere-cousin, qui n'ont point
d'enfans, disposent par Donation entre-vifs au profit de leurs neveux, de
leurs niéces, de leurs cousins, de leurs
arrieres-cousins, des biens dont ceux-
cy doivent hériter *ab intestat ;* tous ces
biens donnez, retiennent leur nature :
ils sont propres anciens, ou propres
naissans aux Donataires, de même
qu'ils leur eussent été propres anciens
ou propres naissans, s'ils en eussent
herité, & que les Donateurs n'en eussent point disposé entre-vifs en leur
faveur.

IV. Ces biens n'entrent en Communauté que pour l'usufruit ; ils ne
sont point communicables aux deux
conjoints, & ils restent en leur entier à celui des deux auquel ils ont été
donnez. Telle est la disposition de notre Coutume en l'Article 5. du titre
dont nous parlons. Il est bon d'en rapporter ici les termes.

             » Donation

" Donation d'immeubles faite à
" l'un des deux conjoints par le pere
" ou ayeul, ou autre parent, qui pou-
" voient lui advenir par hoirie & fuc-
" ceffion *ab inteftat* , lui retourne en
" nature de fonds , & bien ancien.

V. Rien n'eft plus équitable que
cette difpofition. Dans ce cas, la Donation n'eft confiderée que comme
un avancement d'hoirie ; elle n'acquiert rien de nouveau au Donataire ;
il ne poffede, en vertu de la Donation,
que ce qui lui étoit affuré par la Loy,
& qui ne pouvoit lui être ôté par le
Donateur. Ainfi la Donation ne change point la qualité des biens que le
droit fucceffif leur donne & leur im-
prime. Ne feroit-il pas injufte, en effet,
de dépouiller le Donataire d'un bien
qui lui étoit deftiné par la nature même? L'affocié du Donataire , foit par
Mariage ou autrement , ne gagne-t-il
pas toujours affez , en profitant d'a-
vance de l'ufufruit de ces biens, auquel il ne pouvoit prétendre qu'aprés

la mort du Donateur , & auquel feul
il pouvoit prétendre ? S'il en étoit autrement , la Donation entre-vifs ne feroit plus une liberalité pour le Donataire , puis qu'elle le dépouilleroit ,
comme Donataire , d'un bien qui lui
eût appartenu comme heritier.

SECTION II.

*Des biens donnez par une perfonne
dont on n'eft point heritier prefomptif.*

I. IL n'en eft pas de même des biens
donnez par une perfonne de laquelle le Donataire ne peut prétendre
la fucceffion *ab inteftat.* Celui-ci n'a aucun droit ni à la chofe, ni dans la chofe
donnée : Ce n'eft point par avancement d'hoirie, qu'on lui donne ces
biens ; c'eft par une pure libéralité, qui
n'a pour motif que la feule bienveil-
lance , ou la reconnoiffance , ou quelqu'autre raifon. Ainfi ces biens font
acquêts au Donataire ; & s'il eft marié , ils entrent en communauté ; ils

deviennent communicables au mari
& à la femme ; & à la mort de l'un ou
de l'autre, les heritiers du prédécedé
les partagent avec le furvivant. Telle
eft la difpofition de l'Article VI. du
même titre.

» Si Donation d'immeubles fe fait
» par perfonnes de qui le Donataire
» ne pouvoit attendre telle fuccef-
» fion *ab inteftat*, cette Donation eft
» réputée acquêt communicable à
» l'un & à l'autre des deux conjoints ;
» s'il n'eft dit expreffément par la Do-
» nation, qu'elle doit demeurer pro-
» pre au Donataire.

II. La raifon de cette difpofition,
c'eft que le Donateur qui exerce fa liberalité, & qui donne à un mari, ou
à une femme un bien auquel ils n'a-
voient aucun droit de prétendre, eft
cenfé avoir eû intention de donner à
l'un & à l'autre, s'il n'a expreffément déclaré qu'il ne prétendoit donner qu'au
mari ou à la femme, & qu'il enten-
doit que les biens par lui donnez, tien-

droient nature de propres au Donataire.

III. Avant que je finisse cette partie de ma Dissertation, je proposerai
un doute, sous cette espece.

Titius a pour fils Caïus son unique
héritier. Il a un neveu nommé Sempronius, marié à Terentia. Il fait à
Sempronius une Donation entre-vifs
d'un bien qu'il tient de ses ancêtres,
sans déclarer par la Donation, qu'il
veut que le bien donné tienne nature
de propre au Donataire. Long-temps
aprés cette Donation, Caïus fils unique de Titius, meurt. Titius paye lui-
même, quelque temps aprés la mort de
son fils, le tribut ordinaire. Sempronius devient son heritier *ab intestat;*
& Terentia décede ensuite sans posterité. Ses heritiers se présentent, & de-
mandent la moitié du bien donné.
Sempronius refuse, & prétend que ce
bien lui est propre, parce qu'il est heritier *ab intestat* de Titius son Oncle,
& que par consequent l'Article v.

doit décider en sa faveur, & faire débouter les heritiers de Terentia.

Ceux-ci au contraire répondent, qu'il est vrai que Sempronius est aujourd'hui heritier *ab intestat* de Titius; mais qu'il ne l'étoit point au temps de la Donation; puisque Caïus fils de Titius, vivoit alors, & étoit son seul heritier présomptif *ab intestat* : que par conséquent le bien donné doit être réputé acquêt; qu'il est entré en communauté au moment même de l'acceptation de la Donation ; & qu'ainsi ils doivent le partager avec Sempronius, conformément à l'Article VI.

Il s'agit donc de sçavoir, s'il faut en ce cas, être heritier présomptif *ab intestat* du Donateur au temps de la Donation; ou s'il suffit d'avoir cette qualité au temps de sa mort.

Sans entrer dans une discussion plus longue , & qui me conduiroit trop loin, je me détermine d'abord pour l'affirmative de la premiere proposition, & pour la négative de la seconde;

& je crois qu'il faut être heritier préfomptif *ab inteftat* du Donateur au
temps de la Donation.

S'il en étoit autrement, on pourroit
dire que dans notre efpece, le bien
donné par Titius, feroit d'une double
nature ; qu'il feroit propre & acquêt
à Sempronius Donataire ; ce qui ne
peut pas être, parce que la nature de
l'acquêt eft abfololument contraire à
celle du bien propre ; & l'on ne peut
pas être acquereur & heritier de la
même chofe : c'eft pourtant ce qui ar-
riveroit, fi la prétention de Sempronius étoit écoutée.

Il eft certain qu'au temps de la Donation, Titius avoit un fils, qui étoit
fon feul heritier préfomptif : ainfi
Sempronius n'avoit aucun droit à la
chofe donnée, en qualité d'heritier de
Titius : la feule Donation l'en a rendu
propriétaire ; par fon acceptation la
chofe a été confommée, & le bien a
ceffé d'être en la puiflance de Titius,
pour entrer en celle de Sempornius,

On ne peut donc difconvenir que fuivant la difpofition de l'Article vi. ce
bien n'ait été un acquêt, au temps de
la Donation, & pendant tout le temps
que Titius a eû un heritier, qui ex-
cluoit Sempronius de fa fucceffion.
Que la mort de Caïus ait pû opérer
une metamorphofe, & faire redevenir
cet acquêt propre, c'eft un paradoxe;
parce qu'il n'étoit plus alors en la puiffance de Titius, mais en celle de Sempronius; & celui-ci n'a pû être heritier préfomptif de ce même bien, parce qu'il n'étoit plus dans la fucceffion
de Titius, quand il en eft devenu héritier préfomptif par la mort de Caïus.

CHAPITRE VII.

Des Causes qui donnent lieu à la révo-
tion des Donations entre-vifs.

SECTION I.

Des Causes de revocation en général.

JE viens enfin à la derniere partie de
ma Dissertation, dans laquelle je
dois parler des causes qui peuvent donner lieu à la révocation des Donations
entre-vifs.

I. Toutes les affaires de la vie civile,
qui ont reçu leur perfection & leur
consommation, sont irrévocables (a);
& nous ne pouvons plus changer de
sentiment, si-tôt que l'Acte par lequel
nous avons donné notre consentement, ne dépend plus de notre seule
volonté (b).

II. Les Contracts nous en fournis-

(a) Quod semel placuit, ampliùs displicere non
potest, & finita semel negotia durant.

(b) Nemo potest mutare consilium in alterius in-
juriam. *Leg. 75. ff. de reg. jur.*

sent un exemple familier. Sont-ils parfaits ? l'une des parties ne peut plus
s'en dégager malgré l'autre, ni rompre un traité, dont l'execution est de-
venuë necessaire (*c*).

III. Suivant ce principe, la Donation entre-vifs étant un veritable Contract, il s'ensuit qu'il n'est plus au pouvoir du Donateur de la révoquer, ni
de desapprouver une disposition qui
est partie de son pur mouvement :
Oter à un Donataire une chose qui lui
est acquise par un titre incommutable,
ce seroit lui faire une injustice (*d*).

IV. Cependant les Loix & les Coutumes ont imposé des obligations aux
donataires ; ils doivent les remplir
exactement ; & s'en dispenser, c'est
courir le hazard de perdre le fruit de
la Donation, qui change alors de na-

(*c*) Sicut ab initio libera est potestas habendi vel
non habendi contractus ; ita renuntiare semel con-
tractæ obligationi, adversario non consentiente,
nemo potest. *Leg. 5. Cod. de obligat. & action.*

(*d*) Per donationem inter vivos, Donatarius fit
statim dominus rei donatæ.

ture, & qui devient révocable, d'irrévocable qu'elle étoit dans son principe. Voici comme notre Coutume
s'exprime dans l'Article 111. du Titre
dont il s'agit.

  » Toute Donation peut être rescin-
» dée pour une ingratitude bien veri-
» fiée, ou autres causes legitimes.

Section II.

De la révocation pour cause d'ingratitude

§. I.

De l'Ingratitude en general.

I. L A Coutume regarde la reconnoissance, comme le premier
des devoirs des Donataires: Mais que
cette reconnoissance est rare! (*) Le

(*e*) Que chacun parle bien de la Reconnoissance !
    Mais que peu de gens en font voir !
D'un service attendu la flateuse esperance
Fait porter dans l'excés les soins, la complaisance;
A peine est-il rendu, qu'on cesse d'en avoir.
De qui nous a servi, la vuë est importune:
    On trouve honteux, de devoir
    Les secours que dans l'infortune
On n'avoit point trouvé honteux de recevoir.
Madame des Houlieres, Reflexions diverses, Refl. 7.
p. 103. tom. 1.
    La plupart de ceux qu'on oblige, ne sçavent qu'a-

premier de tous les hommes a été ingrat, & l'on peut dire que l'ingratitude a pris naiſſance avec l'humanité,
& qu'elle a dans tous les temps été le
vice à la mode. Mais elle n'eſt pas ſeulement la premiere de toutes les foi-
bleſſes ; elle eſt encore la mere de tous
les crimes ; c'eſt par elle que ſont en-
trez dans le monde la deſobeïſſance,
la révolte , la convoitiſe , l'injuſtice,
le brigandage, le meurtre, le parrici-
de ; & c'eſt elle auſſi qui eſt la ſource
des Guerres cruelles , des famines, des
peſtes, & de tous les autres fléaux, qui
fondent à tout moment ſur les mal-

vilir le bienfait , qu'exténuer l'obligation ; & dans
l'impatience de ſecouër un joug , qui tout leger
qu'il eſt , peſe encore trop à l'orgueil humain , ils
ſe portent juſqu'à l'affranchir des devoirs les plus
légitimes. L'oubli ſuit de prés une grace conſom-
mée. La peine d'y répondre la tourne bien-tôt en
injure. Diſons-le , à la honte du genre humain : o-
bliger un homme , c'eſt preſque le moyen infailli-
ble de rompre avec lui. *Toureil , Eſſais de Juriſprudence , queſt. 8. p. 9:. tom. 1.* Voyez toute la queſtion.

Voyez Seneque *de beneficiis l. 3. c. 6. pag. 14.* &
Grotius *de jure belli & pacis l. 2. c. 20. §. 20.*

heureux mortels. Ils ne peuvent réfléchir sur leur origine, sans se rappeller
toutes ces tristes idées. Ils rougissent
de la foiblesse de leur Pere commun,
& ils n'ont point de honte de l'imiter
dans sa chute. Il oublia les bienfaits
du Donateur suprême ; la punition
suivit de prés son ingratitude : punition terrible pour ses descendans! Funeste, mais inutile exemple ! Les
hommes en sont touchez, attendris,
frappez : mais il ne les rend ni meilleurs ni plus reconnoissans. Ils ou-
blient, en les recevant, les bienfaits im-
mortels de l'Auteur de toutes les graces : pourroient-ils avoir plus de reconnoissance pour les faveurs périssa-
bles qu'un ami a pris plaisir à leur pro-
diguer ? Aussi nos Loix, qui connois-
sent la dureté & l'inconstance du cœur
de l'homme, imitant la sagesse du Souverain Législateur, n'ont point épar-
gné l'ingratitude. Elles ont puni l'ingrat par la privation des biens qui lui
avoient été donnez; elles l'ont déclaré

indigne d'un bienfait, qu'il a osé mé-
prifer, en oubliant ce qu'il devoit à fon
bienfaicteur.

§. II.

Des caufes d'Ingratitude.

I. IL y a plufieurs caufes d'ingratitude , qui font exprimées dans la
Loy *Generaliter fancimus* , *C. de revocandis donationibus* (*f*) : l'attentat du
Donataire fur la vie ou fur l'honneur
du Donateur ; la violence que le premier auroit commife fur la perfonne du fecond ; l'outrage que celui-là
auroit fait à celui-ci par des injures
graves; une perte confiderable, caufée
au Donateur par le Donataire, par de

(*f*) Generaliter fancimus omnes donationes lege confectas, firmas illibatafque manere , fi non
donationis acceptor ingratus circa donatorem inve-
niatur : ita ut injurias atroces in eum eff..ndat ; vel
manus impias inferat ; vel jacturæ molem ex infi-
diis fuis ingerat , quæ non levem fenfum fubftantiæ
donatoris imponat ; vel vitæ periculum ei intule-
rit ; vel quafdam conventiones , five in fcriptis do-
nationi impofitas , five fine fcriptis habitas , quas
donationis acceptor fpopondit , minimè implere
voluerit , &c.

mauvaiſes voies. La Loy ajoute le refus de ſatisfaire aux charges imposées au Donataire par la Donation (*g*) ; parce que c'eſt une veritable ingratitude, que de ne point remplir les engagemens que l'on a contractez avec un bienfaicteur. Mais quoi que l'on ne trouve dans la Loi que ces cauſes d'ingratitude, elle ne les a propoſez (*h*) que comme des exemples ; & il y en a une infinité d'autres, à la tête deſquels on peut mettre le refus des alimens, & que la malice des hommes peut mieux faire naître, qu'il n'eſt facile de les deviner : de ſorte que c'eſt à un Juge ſage & éclairé de diſcerner ſi les injures qui ont été dites ou faites par le Donataire, ſont de la qualité que la Loy requiert ; ce qui dépend des cir-

(*g*) La Loy 9. *C. de Donationibus*, y eſt encore expreſſe. *Legem quam rebus tuis donando dixiſti : ſive ſtipulatione tibi proſpexiſti, ex ſtipulatu. Sive non, in certo judicio, id eſt praſcriptis verbis apud praſidem provincia debes agere, ut banc impleri provideat.*

(*h*) Ricard, & Domat dans ſes Loix Civiles, l. 1. tit. 10. ſect. 3. ſomm. 2. dans la note.

conftances. La perfonne, le lieu, le temps, l'intention, & tout ce qui peut fervir à amoindrir, ou à agraver l'injure, doivent être exactement difcultez, & mûrement pefez (*i*).

II. Je ne dois pas oublier une caufe d'ingratitude, qui eft prononcée par notre Ordonnance criminelle (*k*); fçavoir la négligence des Donataires à pourfuivre la vengeance du meurtre commis en la perfonne du Donateur.

III. Mais pour que cette caufe donne lieu à la revocation, 1°. la Donation doit être univerfelle, & comprendre tous les biens du Donateur. 2°. Le Donataire doit être majeur; & la négligence du Tuteur ne peut être imputée au Donataire mineur. 3°. Le Donataire doit avoir été interpellé par la Partie publique, de pourfuivre la vengeance du meurtre. 4°. Il doit y

(*i*) Voyez Ricard des Donations entre-vifs, 3. part. ch. 6. fect. 2. p. 567. & fuiv.
(*k*) Titre 15. Art. 18. p. 273.

avoir des charges contre l'accusé. 5°.
Enfin cette cause cesse, si le Donataire
est réduit à une pauvreté notoire.

IV. La seconde partie de l'Edit des
secondes Noces, nous fournit encore
une cause d'ingratitude, qui rend de
droit la Donation réductible.

V. C'est lorsqu'un Mari ou une Femme qui ont des enfans d'un premier lit,
passent à de secondes noces. Alors la
proprieté de tous les avantages qui leur
ont été faits par leur premier Mari, ou
leur premiere femme, soit par Contract
de mariage, soit par Donation entre-
vifs, soit par Testament, ou par toute autre Ordonnance de volonté derniere,
demeure reservée de plein droit, dés le
jour de la célébration du second Mariage, aux enfans du premier lit, &
la Donation est réduite au simple usufruit de la chose donnée : encore, le
Donataire ne peut-il disposer de cet
usufruit, soit directement, soit indirectement, ni pour quelque cause, &
en quelque occasion que ce soit.

VI.

VI. Paſſer entre les bras d'un ſecond Mari, n'eſt-ce pas en effet ſe rendre indigne des bienfaits du premier? N'eſt-ce pas faire injure à ſes cendres, mépriſer ſes graces, & les payer de l'ingratitude la plus offenſante?

VII. Si les enfans venoient neanmoins à déceder avant leur pere, ou leur mere; alors l'uſufruit de ces avantages ſeroit reüni à la proprieté, & retourneroit de plein droit au Donataire, avec faculté d'en diſpoſer à ſa volonté.

VIII. Notre Juriſprudence eſt en cela conforme au Droit Romain (*l*). Il n'en eſt pas de même dans les Pays Coutumiers de France, où la mere qui ſe remarie, ne perd point la proprieté de la choſe donnée, n'étant

______

(*l*) *Novel. 2. cap. 1. Novel. 22. c. 23. Novel. 68. & Novel. 98.*

La Conſtitution que M. Cujas a reſtituée du Livre 28. des Baſiliques, & que Godefroy a inſerée au Titre du Code *de ſecundis nuptiis.* *Leg. 11.*

L'Authentique *Lucrum*, & l'Authentique *Sed & ſi quis C. de ſecundis nuptiis.*

P

obligée qu'à une simple réserve (*m*).

§. III.

Des personnes contre lesquelles la révocation pour cause d'ingratitude, a lieu.

LA révocation pour cause d'ingratitude a-t-elle lieu contre toutes sortes de personnes?

I. Tous Donataires ingrats sont sujets à la peine de la Loy : fils, femme, Parent, ami, étranger ; aucun n'en est exempt (*n*).

II. On me dira que la révocation est une aliénation, est une perte ; & que les femmes & les enfans ne peuvent ni aliéner ni perdre.

III. Mais ni les femmes, ni les mineurs ne sont exempts des peines prononcées contre les crimes, contre les délits. L'ingratitude , si elle n'est un crime, est un délit ; & la révocation est

(*m*) Voyez le Brun des Successions , liv. 2. ch. 6. sect. 2. dist. 2. p. 365.

(*n*) Ricard des Donations entre-vifs, part. 3. ch. 6. sect. 1. p. 564. & suiv. *tot. tit. Cod. de revoc. donat.*

la peine de l'un & de l'autre (*o*).

IV. Cependant l'innocence des mineurs demande qu'on ne présume pas toujours de leur volonté par leurs actions ; & l'on doit quelque considération à une vivacité, presque inséparable de la jeunesse (*p*).

V. Mais une femme, un mineur, sont-ils privables d'une Donation par l'ingratitude du Mari, du Tuteur ? Non : la révocation est pénale ; & tout délit étant personnel, le seul coupable peut être puni. (*q*).

§. IV.

Des personnes qui ont droit de révoquer pour cause d'ingratitude.

L'Action de révocation pour cause d'ingratitude, passe-t-elle à l'heritier, & contre l'heritier ?

I. Il faut distinguer. Ou le Donateur est mort avant que d'intenter l'action ; & alors ses heritiers ne peuvent

(*o*) Ricard au même endroit, n. 679. & suiv. p. 566.
(*p*) Ricard ibid n. 680. p. 566.
(*q*) Ricard ibid. n. 676. & 677. p. 565.

révoquer, parce que l'action regarde principalement les personnes & la vengeance de l'injure faite à la personne du Donateur ; & que le retour de la chose donnée n'en est que l'accessoire (*r*).

II. Ou le Donataire meurt lui-même avant que le Donateur ait intenté son action ; & dans ce cas, le Donateur est non recevable à la former (*s*).

(*r*) Voyez Ricard *loc. cit.* sect. 3. n. 704. p. 572. Hoc. tamen jus stabit inter ipsos tantùm qui liberalitatem dederint : cæterùm neque filii eorum , neque successores ad hoc beneficium pertinebunt : neque enim fas est ullo modo inquietari donationes, quas is qui donaverat , in diem vitæ suæ non retractavit. *Leg. 1. Cod. de revoc. donat. §. ult.*

Actionem verò matris ita personalem esse volumus , ut vindicationis tantùm habeat effectum , nec in hæredem detur , nec tribuatur hæredi. *Leg. 7. eod. tit. §. ult.*

Hoc tamen usque ad primas personas tantummodò stare censemus, nullâ licentiâ concedendâ donatoris successoribus hujusmodi querimoniarum primordium instituere. Etenim si ipse qui hoc passus est , tacuerit, silentium ejus maneat semper ; & non à posteritate ejus suscitari concedatur , vel adversus eum qui ingratus esse dicitur , vel adversus ejus successores. *Leg ult. eod. tit. §. ult.* Voyez *Leg. 1. sub fine ff. de priv. delict.* & M. Maynard liv. 6. ch. 83.

(*s*) Ricard en l'endroit cité.

III. Ou l'action a été intentée par le Donateur contre le Donataire ingrat, & n'a point été contestée avant la mort du Donataire ; & elle ne peut être poursuivie contre son heritier ; parce que l'action est attachée à la personne, ainsi que nous venons de le dire ; elle ne commence à avoir sa forme que du jour de la contestation ; jusques-là elle est imparfaite, & n'est considerée que comme si elle n'avoit point existé (*t*).

IV. Il en est de même si le Donateur décede avant que l'action soit liée par la contestation. Je viens de le dire, l'action n'acquiert point sa forme avant la contestation ; & les heritiers ne la trouvant point dans la succession, ni dans les biens du Donateur mort, la simple plainte ne leur donne aucun droit ; parce qu'elle n'est considerée que comme un avertissement donné au Donataire, de rentrer dans son devoir.

V. Ainsi le Donateur, ou ses heri-

(*t*) Ricard ibid. n. 709. *L. 15. D. Rem. rat. haber.*

tiers, ne peuvent pourſuivre la révocation contre le Donataire, ou contre ſes heritiers, que quand la demande a été non ſeulement formée, mais
encore liée & conteſtée contre le
Donataire avant la mort & du Donateur & du Donataire.

VI. De là on doit conclure, que la
révocation à cauſe d'ingratitude n'a
lieu qu'à l'égard de ceux qui ont reçu la
Donation de la main même du Donateur; & que ceux qui ſont aux droits
du Donateur, n'y ſont point ſujets.
Ainſi un Beneficier peut être impunément ingrat, & cela n'arrive que trop
ſouvent, envers le Donateur de ſon
Egliſe, ou de ſa Communauté: la Donation n'a point été faite à ſa perſonne,
mais à ſon Egliſe, à ſa Communauté;
c'eſt l'Egliſe qui eſt Donataire; ce n'eſt
point le Beneficier; & l'Egliſe n'étant
jamais ingrate, pourroit-on la punir de
l'ingratitude de celui qui jouït de ſes
biens, quelque ingrat qu'il pût être (*).

(*) Ricard *loc. cit.* ſect. 1. n. 675. p. 563.

§. V.

Des Donations qui font fujettes à la révocation pour caufe d'ingratitude.

LA révocation pour caufe d'ingratitude a-t-elle lieu à l'égard de toutes fortes de Donations?

I. Les Donations les plus favorables font fujettes à cette révocation ; parce qu'il n'y a point de faveur qui puiffe couvrir l'ingratitude (x).

II. Il faut néanmoins excepter de cette regle, 1°. Les Donations rémunératoires. 2°. Les Donations faites en faveur de mariage, portant claufe de fubftitution aux enfans à naître, avec défenfe au pere & à la mere d'aliener les biens donnez : parce qu'en ce cas, le Pere ne peut par fon ingratitude donner lieu à la révocation d'une Donation qui femble moins faite au pere qu'à fes enfans. Les peines ne fe perpetuent, ni ne fe tranfmettent ; & les enfans ne doivent point fubir alors la

(x) Ricard ibid. n. 681. p. 566.

punition d'une ingratitude qu'ils n'ont point commise (*y*).

SECTION III.

De la révocation des Démissions.

Mais les démissions de biens, qui se font au profit des heritiers présomptifs, font-elles révocables à volonté, & sans cause ?

I. Plusieurs Auteurs ont soutenu qu'elles étoient irrévocables, & la Coutume de Bretagne les déclare telles (*z*). Ceux qui sont de ce sentiment, se fondent sur ce que les démissions ayant un effet present, & les Démissionnaires ayant un droit acquis de nuë proprieté au moment d'icelles, ils doivent être saisis irrévocablement, & les démissions censées de veritables Donations entre-vifs.

(*y*) M. Cujas, *lib. 5. observat. c. 4.*
Ricard en l'endroit cité, n. 685. p. 567. Basnage sur l'Art. 449. de Normandie, tom. 2. p. 273.
(*z*) Art. 537. des Cout. nouv. Voyez d'Argentré sur l'Art. 276. de l'ancienne Coutume , ch. 4. p. 1022.

II. D'autres ont soutenu qu'elles étoient révocables; parce qu'encore qu'elles ayent un effet present, elles sont néanmoins considerées comme tous les Actes de volonté derniere; ce ne sont que des avancemens d'hoirie, des especes de partages anticipez, qui donnent toujours lieu au regrés.

III. D'ailleurs dans le Droit coûtumier, il n'y a que l'institution contractuelle, par laquelle on puisse faire un heritier irrévocable; & toutes celles qui se font hors du Contract de mariage, telles que sont les démissions, sont toujours révocables.

IV. Enfin la fréquente ingratitude des heritiers présomptifs favorise absolument cette révocation; & Me Denys le Brun (*) de qui j'ai emprunté tout cecy, dit que son avis est que l'usage du Parlement de Bretagne fait plus d'honneur à l'homme, parce qu'il présuppose qu'il doit être constant

(*) Traité des Successions, liv. 1. ch. 1. sect. 5. n. 17. p. 14.

dans ses actions : mais que celui du Parlement de Paris rend plus de justice à l'humanité, parce que dans la pente naturelle où l'on est de donner son bien à ses heritiers, & quelquefois d'achever son ouvrage, en comblant de bienfaits ceux à qui l'on a donné la vie, il est bon qu'il y ait quelque fois du retour, & que les démissions ne soient pas irrévocables.

SECTION IV.
De la révocation des Donations par survenance d'enfans.

§. I.
De la révocation pour cause de survenance d'enfans en général.

JE finis par la révocation des Donations entre-vifs par la survenance d'enfans.

I. D'excellens Auteurs ont traité cette matiere, & n'ont pas même laissé à glaner aprés eux (*b*). Le plus

(*b*) M. Tiraqueau, Traité sur la Loy *si unquam*, Cod. *de revocandis donat.*

Les excellens Commentaires sur la même Loy,

sûr est d'y recourir ; & j'observerai seulement , que ce moyen est une condition tacite, qui est présumée dans toutes les Donations entre-vifs ; & que si toutes personnes qui n'ont point d'enfans, donnent tous leurs biens , ou quelque partie d'iceux, & qu'ensuite ils viennent à avoir des enfans , la Donation demeure révoquée. Cette Jurisprudence est fondée sur la disposition formelle de la Loy *Si unquam* , au Code *de revocandis Donationibus* (*c*).

I I. Cette Loy est à present de droit commun , & elle a lieu à l'égard de toutes sortes de personnes, quoi qu'elle

par le Fils d'Etienne Papon , inserez dans les Notes de Gueret sur M. le Prestre, cent. 2. ch. 15. p. 401. & sui v.

Ricard des Donations, 3. part. ch. 5. t. 1. p. 590. & suiv.

Coquille , quest. 292. p. 318.

(*c*) Si unquam libertis patronus , filios non habens, bona omnia, vel partem aliquam facultatum , fuerit donatione largitus , & postea susceperit liberos ; totum quidquid largitus fuerat , revertatur, in ejusdem arbitrio ac ditione mansurum, *Leg. Si unquam , Cod. de revoc. donat.*

ne parle que des Donations faites par
les Patrons à leur affranchis (*d*).

III. Mais l'on fait sur cette matiere
plusieurs questions importantes, que
je ne ferai que proposer, & résoudre,
conformément aux opinions des Auteurs, & sur-tout de Ricard, qui a écrit
le dernier sur cette matiere. Ceux qui
voudront en sçavoir davantage, pourront aller aux sources.

§. II.

Le Donateur peut - il renoncer à la
révocation introduite par la Loy
Si unquam ?

ON demande donc en premier
lieu, si le Donateur peut valablement renoncer à la révocation introduite par cette Loy ; & si elle a lieu,
supposé que le Donateur ait fait la Donation dans la pensée qu'il auroit des
enfans ?

(*d*) Voyez M. Tiraqueau, *verb. Libertis*, où il
rapporte les raisons de douter, depuis le n. 1. p. 58.
jusqu'au nomb. 40. incluisiv. & les raisons de décider, depuis ce nombre, p. 71. jusqu'à la fin.
Ricard en l'endroit cité, sect. 1. p. 540.

I. Les Auteurs sont si partagez sur cette matiere, qu'il faudroit faire un livre plus gros que celui-ci, pour les concilier. Monsieur Tiraqueau (*e*), Monsieur Cujas (*f*), & le fils d'Etienne Papon (*g*), sont d'avis que le Donateur peut renoncer au benefice de la Loy; & ce dernier tient même que *le Donateur peut expressément renoncer, ou tacitement déroger à la Loy, par une cogitation d'enfans.*

II. Dumolin (*h*), Coquille (*i*) & Ricard (*k*) sont d'un avis contraire; & comme je me range du parti de ceux-cy, je transcrirai les termes de Ricard, qui s'exprime ainsi (*l*).

» Combien que la rénonciation à » la Loy *Si unquam* ait été employée » dans un Contract; s'il paroît d'ail-

(*e*) *Ad Leg. Si unquam, in præfat. n.* 87. *& seq.*
(*f*) Sur la même Loy, *& in lib.* 20. *observat. c.* 5.
(*g*) *Loco citato.*
(*h*) *Tract. de donat. in contract. matrim. fact. n.* 7.
(*i*) Quest. 292. p. 318. & dans son Comment. sur la Cout. titre des Donations, art. 13. p. 279.
(*k*) En l'endroit cité, sect. 2. p. 542. & suiv.
(*l*) Nomb. 583. p. 545.

» leurs par la vrai-semblance des faits,
» & par la présomption, qui est plus
» forte en cette rencontre, que ce qui
» est expressément écrit, que le Dona-
» teur n'eût pas fait la Donation, s'il
» eût sçû qu'il lui devoit naître des en-
» fans ; comme s'il n'y avoit aucune
» raison qui ait pû mouvoir le Dona-
» teur à préferer le Donataire en la
» chose donnée, à ses propres enfans :
» que l'on ne doit avoir aucun égard à
» la renonciation ; & qu'elle n'empê-
» che en façon quelconque, que la
» Donation ne demeure révoquée
» par la survenance d'enfans en vertu
» de la Loy.

III. » D'autre part (*m*), quoy que
» dans le Contract de Donation, il n'y
» ait eû aucune renonciation au bene-
» fice de la Loy *Si unquam* ; s'il se voit
» que le Donateur n'a rien fait, qu'il
» n'eût fait, s'il eût eu des enfans au
» temps de la Donation ; qu'il a dispo-
» sé d'une partie de ses biens, & rete.

(*m*) N. 584.

» nu l'autre, dans la pensée de se ma-
» rier, & d'avoir des enfans; & enfin
» qu'il ait prévû, comme sage & pru-
» dent, le cas des enfans qu'il devoit
» mettre au monde; j'estime en cette
» occasion, qu'il ne peut pas se préva-
» loir de la Loi, ni prendre avantage
» de la survenance de ses enfans pour
» contenter sa passion, & pour révo-
» quer une Donation qu'il a regret d'a-
» voir fait, pour quelque dégoût ou
» refroidissement qu'il a conçû contre
» la personne de son Donataire.

Cet Auteur finit, en confirmant son sentiment par les Arrêts des Parlemens de France, qui ont été rendus sur cette matiere.

§. III.

La revocation a-t-elle lieu quand le Donateur est marié au temps de la Donation.

L'On demande en second lieu, si le mariage du Donateur, lors de la Donation, doit être consideré pour empêcher l'effet de la Loy ; & comment s'entend cette Loy, qui veut, pour que la Donation ait lieu, que le Donateur n'ait point d'enfans au temps de la Donation (*n*) ?

I. L'on répond , 1°. Que si le Donateur avoit été long-temps marié , sans avoir eû des enfans ; & qu'il eût sujet de croire , au temps de la Donation, qu'il n'en auroit point ; s'il lui en survient aprés , il y a lieu à la révocation ; parce que ce n'est point le Mariage que l'on considere, mais les enfans.

II. 2°. Si la Donation étoit faite par le Contract de Mariage du Donateur , ou pendant les premieres années de son Mariage , la survenance d'enfans ne pourroit donner lieu à la révocation ; parce que la présomtion dans ce cas l'emporte contre le motif de la Loy. Dumolin est d'un sentiment contraire (*o*).

(*n*) Voyez Ricard en l'endroit cité , sect. 3. p. 546.

(*o*) *Tract. de donat. in contract. matrim. fact. n. 5.*

III.

III. 3°. Si le Donateur a déja des enfans au temps de la Donation; ceux qui naîtroient aprés, ne poutroient donner lieu à la révocation. Du Molin eſt encore d'avis contraire. (*p*).

IV. 4°. Si le Donateur ayant eû des enfans, n'en avoit plus quand il a fait la Donation, & ſi vrai-ſemblablement il n'en attendoit plus : s'il lui en ſurvient, la Loy doit avoir ſon effet.

V. 5°. Il faut dire la même choſe, ſi le Pere croyoit avoir perdu ſes enfans. Leur retour inopiné produiroit le même effet que leur naiſſance, ſi elle avoit été poſterieure à la Donation.

VI. 6°. Si les enfans nez avant la Donation, avoient mérité d'être desheritez, la révocation auroit lieu, s'il en naiſſoit d'autres aprés la Donation.

VII. 7°. Ricard étend le benefice de la Loy juſqu'à un Pere, qui n'ayant qu'une fille, auroit donné la meilleure & la plus grande partie de ſes biens à

(*p*) *Tract. de inoff. teſtam. n. 15.*

Q

un mâle de sa famille, pour conserver la splendeur de son Nom & de ses Armes ; il prétend que dans ce cas la survenance d'un enfant donneroit lieu à la révocation (*q*).

VIII. 8°. Les bâtards légitimez par un mariage subsequent, operent la même chose, que s'ils étoient nez posterieurement à la Donation, & la font révoquer : mais il n'en est pas de même, s'ils sont légitimez par le Prince (*r*).

§. IV.

Quelles Donations sont sujettes à la revocation ?

ON demande encore, quelles especes de Donations sont sujettes à la Loy (*s*)?

I. 1°. Si la Donation n'est que d'une partie des biens , de la moitié , du

(*q*) Voyez le Traité du Fils de Papon sur la Loy *Si unquam 9.* dans la glose , sur les mots *Susceperit liberos* , p. 428.

(*r*) Voyez encore le Traité du Fils de Papon , au même endroit , p. 427.

(*s*) Ricard , sect. 4. *loc. cit.* p. 549. & suiv.

quart, d'un sixiéme, d'une chose particuliere; ce sont alors les particularitez qui doivent déterminer; & si l'on présume que le Donateur n'eût point fait cette Donation, s'il avoit eû des enfans, elle doit être révoquée.

II. 2°. Les Donations faites en faveur & par Contract de mariage aux futurs conjoints, par leurs parens, ou par leurs amis qui n'étoient tenus ni les uns ni les autres de les dotter, tombent dans le cas de la Loy.

III. 3°. La proximité du sang n'en peut empêcher l'effet; & les Donations faites par les Freres, les Oncles, & les autres proches Parens, sont révocables par la survenance d'enfans.

IV. 4°. Il en est de même des Donations faites aux Eglises, & pour causes pieuses (*t*).

V. Mais il en faut excepter la Donation faite pour l'établissement du Titre Clerical, qui ne peut être dimi-

(*t*) Ricard, en l'endroit cité, n. 611. p. 551.

nuée, ni révoquée par la furvenance d'enfans.

VI. 5°. Il n'y a, à proprement parler, que les Donations remunératoires, & les Donations pour caufe, qui ne foient point foumifes à la Loy : encore, dans le cas de l'une & de l'autre, les circonftances déterminent-elles abfolument; & on réduit d'ordinaire ces Donations, jufqu'à la concurrence des charges impofées, & de ce que méritent les fervices rendus (*u*).

§. V.

Le Pere & les Enfans peuvent-ils fe fervir du benefice de la Loy.

ON demande auffi, fi le Donateur & fes enfans peuvent fe fervir du benefice de la Loy, quand le Donateur a approuvé la Donation directement ou indirectement?

I. 1°. Si le Donateur a ratifié depuis la naiffance de fes enfans, la Dona-

(*u*) Voyez Ricard en l'endroit cité, n. 612. & le Fils de Popon, pp. 414. 415. 416.

tion est à couvert, & ne peut être révoquée.

II. 2°. Les enfans sont admis à révoquer, si le Donateur est mort sans
déclarer son intention.

§. VI.

*Le Pere peut-il se servir du benefice de
la Loy, si ses enfans sont morts.*

UNe autre question encore, est
de sçavoir si le Pere peut se prévaloir du benefice de la Loy, quand il a
laissé mourir ses enfans sans révoquer ?

I. Ricard (ˣ) répond que si le Donateur n'a point usé du benefice de la
Loy, pendant que la cause qui lui a
donné lieu, subsistoit, & que ses enfans
vivoient ; ceux-ci étant morts , & la
raison de la Loy cessant, le Donateur
ne peut plus s'en servir pour révoquer
la Donation.

II. Mais bien des Auteurs de poids
sont d'un sentiment contraire, & soutiennent que le Pere peut agir ; la ré-

(ˣ) Sect. 6. n. 635. & suiv. p. 557.

Q iij

vocation étant faite de plein droit par
la ſurvenance des enfans (*y*).

§. VII.

Quelle action le Donateur a droit
d'exercer ; contre qui, & combien elle
dure. Peut-il répéter les fruits, &
diſpoſer de la choſe.

ENfin on demande quelle action
le Donateur a droit d'exercer en
conſéquence de la Loy : contre qui, &
ſa durée ; s'il peut prétendre la reſtitution des fruits, & de quel jour ; & s'il
peut diſpoſer librement de la choſe
donnée, aprés la révocation ?

I. 1°. Quoi que la révocation ſoit
de droit, elle doit être demandée en
Juſtice : mais les lettres de reſtitution

(*y*) D.amolin, *tract. de inoff. teſt. n.* 35.

Tiraqueau *ad Leg. Si unquam, gl. Suſceperit libe-*
ros, n. 204.

Godefroy *in eandem legem.*

Coquille ſur Nivernois, tit. des Donations, art.
13.

Voyez ſur-tout le Fils de Papon, ſur les mots de
la Loy *Suſceperit liberos,* p. 431.

font alors inutiles (*z*).

II. 2°. Cette action a lieu contre toutes fortes de tiers-détenteurs, à quelques titres que ce foit. Il ne leur refte qu'une action en indemnité, ou en reftitution du prix ; & la révocation fait évanouïr toutes les hypoteques, & toutes les charges impofées par le Donataire fur la chofe donnée (*a*).

III. 3°. Toutes actions durent pendant trente ans, en notre Coutume ; & je crois que l'on ne doit point douter que la révocation n'ait lieu chez nous pendant tout ce temps (*b*).

IV. 4°. Les fruits ne font dûs que du jour que le Donateur a intenté fon action (*c*).

V. 5°. Enfin les chofes données, re-

(z) Dumolin, *tract. de Donat. in contract. matrim. fact.*

Ricard en l'endroit cité, fect. 7. n. 648. & 649. p. 560.

(*a*) Ricard ibid. n. 651. & fuiv.

(*b*) Art. 2. du tit. 18. de la Coutume de Lorraine.

(*c*) Dumolin, *tract. de Donat. in contract. matrim. fact. n. 83.*

tournant en la puiſſance du Donateur,
par la révocation ; on ne doit pas douter qu'il n'ait droit d'en diſpoſer à ſa
volonté (d) : Mais Ricard voudroit
qu'il ne fût pas permis au Donateur
d'en diſpoſer à titre gratuit (e).

M. Louët, lettre D. ſomm. 52.
Ricard en l'endroit cité , n. 661. p. 562.
(d) *In ejuſdem donatoris ditione & arbitrio man-
ſurum*, dit la Loy.
(e) *Loco citato* , n. 663. p. 562.

FIN.

EDIT

DE

SON ALTESSE ROYALE,

Qui fixe la Majorité à vingt-cinq ans.

Du 8. Mars 1723.

EOPOLD, par la grace de Dieu, Duc de Lorraine, de Bar, de Montferrat & de Teschen, Roy de Jerusalem, Marchis, Duc de Calabre & de Gueldres, Marquis de Pont à Mousson & de Nommeny, Comte de Provence, Vaudémont, Blamont, Zutphen, Sarwerden, Salm, Falkenstein, Prince souverain d'Arches & Charleville : A tous présens & à venir, SALUT. La fixation de la Majorité des Enfans de famille à vingt ans, & vingt-un ans dans quelques-unes des Coutumes de nos Etats, Nous a paru d'autant plus digne de réformation, que cette disposition est contraire à celle de toutes les autres Coutumes, qui servent de Loix à nos Peuples; & à celles de presque toutes les Na-

tions; qui les ayant puifées dans les Loix
Romaines, ont fixé cette Majorité à vingt-
cinq ans accomplis. L'expérience n'a que
trop fait connoître combien une Majorité
précoce eft préjudiciable à de jeunes gens,
peu capables de difcerner ce qui leur eft
avantageux de ce qui leur paroît agréable.
Entraînez par leurs paffions, ils courent
fouvent avec précipitation à leur ruïne, &
ne fe détrompent du mauvais ufage de
leurs biens, que lorfqu'ils en fentent plus
vivement le befoin, en un âge plus avancé,
où ils fe voyent dans la mifere. D'ailleurs,
le lieu de la naiffance déterminant les qualitez perfonnelles, un pere de famille, qui
eft obligé pour fes affaires, ou pour notre
Service, de changer de domicile, fe trouve quelquefois avoir fon fils aîné mineur,
tandis que fon cadet eft majeur, pour avoir
pris naiffance en differens lieux, foumis à
des Coutumes contraires les unes aux autres; ce qui caufe des difcuffions defagréa-
bles dans les familles, dont la paix Nous
eft chere. Ces confiderations Nous portent à établir une Loy uniforme, qui fixe
la Majorité des Enfans, dans tous nos E-
tats, à un même âge, mûr & convenable.
A ces Causes, & autres à ce Nous
mouvans, la matiére mife en délibération

en notre Conseil, de l'avis des gens d'i-
celui, & de notre certaine science, pleine
puissance, & autorité souveraine, Nous a-
vons par le présent Edit perpétuel & irrévocable, révoqué, éteint & supprimé,
révoquons, éteignons & supprimons toutes Loix, Statuts, Usages & Coutumes de
nos Etats, Pays, Terres & Seigneuries de
notre obéïssance, qui fixent la Majorité,
& réputent les Enfans de famille majeurs
avant l'âge de vingt-cinq ans : Voulons &
Nous plaît qu'à l'avenir aucun de nos Sujets ne soit Majeur, ni réputé tel, s'il n'a
vingt-cinq ans accomplis. Ne prétendons
déroger à la Majorité qui se trouvera acquise, suivant les Coutumes, au dessous
l'âge de vingt-cinq ans, jusqu'au jour du
présent Edit. Voulons que les fils & filles
mariez, quoi que mineurs de vingt-cinq
ans, ainsi que les veufs & les veuves, soient
réputez émancipez, & jouïssent de leurs
droits. Pourront lesdits fils de famille mariez, veufs & veuves, & les femmes mi-
neures, de la licence & autorité de leurs
maris, ester en jugement, contracter, &
faire tous Actes légitimes, concernant
l'administration de leurs biens, sans que
l'autorité de leurs Peres & Meres, Tuteurs
ou Curateurs y soit requise. Ne pourront

néanmoins valablement aliéner, engager,
ou hypotéquer leurs biens immeubles,
ou autres stipulez propres, avant leur Majorité acccomplie, s'ils n'obtiennent pour
ce le consentement de leurs Peres & Meres; ou à défaut d'iceux, de leurs Tuteurs
ou Curateurs; auquel dernier cas, seront
tenus en outre, d'avoir le consentement de
notre tres cher & féal Procureur Général,
ou de ses Substituts; de deux Parens paternels, & de deux Parens maternels; déro-
geant à cet effet à toutes Coutumes, Loix
& Ordonnances faisant au contraire, lesquelles Nous avons abrogées & abrogeons
par ces Presentes. Si DONNONS en Mandement à nos tres chers & féaux les Présidens, Conseillers & Gens tenant notre
Cour Souveraine de Lorraine & Barrois;
Baillis, Lieutenans Généraux, Particuliers, Conseillers, & Gens de nos Bailla-
ges; Prévôts, & à tous autres nos Officiers, Justiciers, Hommes & Sujets qu'il
appartiendra, que ces Presentes ils fassent
lire, publier, régistrer, & afficher par-
tout où besoin sera, & le contenu en icelles fassent suivre, garder & observer, sans
souffrir ni permettre qu'il y soit contre-
venu directement ni indirectement : CAR
AINSI NOUS PLAÎT. En foy de quoy

Nous avons aux Préſentes, ſignées de notre main, & contreſignées par l'un de nos
Conſeillers & Secretaires d'Etat, Commandemens & Finances, fait mettre & appendre notre grand Scel. DONNE' en notre bonne Ville de Nancy, le huitiéme
Mars 1723. *Signé*, LEOPOLD. *Et plus
bas* : Par Son Alteſſe Royale, S. M. LABBE'.
Regiſtrata, TALLANGE.

*Lû, publié & régiſtré, ouï & ce requerant
le Procureur Général de Son Alteſſe Royale,
pour être ſuivi & exécuté ſelon ſa forme &
teneur : Ordonné qu'à la diligence dudit Procureur Général, copies duëment collationnées ſeront envoyées dans tous les Bailliages,
& autres Siéges reſſortiſſant nuëment en
la Cour, pour y être pareillement lû, publié,
régiſtré & exécuté. Enjoint aux Subſtituts
du Procureur Général ſur les Lieux, de tenir la main à l'exécution, & d'en certifier
la Cour au mois. FAIT à Nancy, à l'Audience publique de la Cour Souveraine de
Lorraine & Barrois, tenuë en robes rouges,
le Lundy 15 Mars 1723. Preſens Meſſieurs
Cueullet & de Gondrecourt Préſidens à Mortier ; l'Abbé de Mahuet, Conſeiller-Prelat ;
de Nay, Pariſot, Harault, de Malvoiſin,
de Lombillon, Baudinet, Duboys de Rio-*

*court, de Sarrasin, Henry de Pont, Viriet
de Remicourt, Dauburtin de Charly, Dupuy, Roüot, de Kiecler, Grandemange, de
Nay de Richecourt, Cueullet de Villey, &
Thomassin, Conseillers.*

EDIT

DE

SON ALTESSE ROYALE,

Pour l'Insinuation des Donations
entre-vifs, Substitutions, &c.

Du 13 Décembre 1718.

LEOPOLD, par la grace de Dieu,
Duc de Lorraine, de Bar & de Montferrat, Roy de Jerusalem, Marchis, Duc
de Calabre & de Gueldres, Marquis de
Pont à Mousson & de Nommeny, Comte de Provence, Vaudémont, Blamont,
Zutphen, Sarwerden, Salm, Falkestein,
Prince souverain d'Arches & Charleville,
&c. A tous présens & à venir, SALUT.
L'incertitude où l'on est de la fortune des
particuliers, donnant occasion à des fraudes qui interessent sensiblement la societé

civile, Nous avons estimé qu'il étoit dè
notre prévoyance d'y rémédier. Le Possef-
seur d'un bien en est aisément présumé
le Propriétaire, sur-tout lorsque les Actes
par lesquels il s'est dépouillé de la propriété, ou qui ne lui ont acquis que l'usufruit
de ce bien, demeurent dans le secret : cependant par une mauvaise foy, aussi commune qu'intolerable, il engage & hypo-
théque ce qui ne lui appartient pas ; & abusant de la crédulité de celui qui acquiert
de lui, ou qui lui prête ses deniers, il le
plonge souvent dans une ruïne inévitable.
Nous croyons devoir faire sur cela une
Loy générale dans nos Etats, & introdui-
re les sages precautions que le Droit Ecrit
& l'usage des Etats bien policez ont intro-
duites en cas pareil. Nous y ajouterons
même ce qui Nous a paru pouvoir prévenir ou éloigner les difficultez qu'on a vû
plusieurs fois agitées sur cette matiére,
afin de ne rien obmettre de ce qui peut assurer la tranquilité de nos Sujets, qui fait
l'objet principal de nos soins. A ces Causes, & autres bonnes à ce Nous mouvans,
de notre certaine science, pleine puissance
& autorité souveraine, Nous avons par le
présent Edit perpétuel & irrévocable, dit,
statué & ordonné, disons, statuons & or-

donnons, voulons & nous plaît.

I. Que dorênavant toutes Donations d'immeubles faites entre-vifs, Donations mutuelles, réciproques, ou onereuses, en faveur de mariage, & toutes autres, en quelque forme, & de quelque qualité qu'elles soient, seront publiées en jugement au jour de la Plaidoirie, & enregistrées és Greffes de nos Jurisdictions & Siéges, dans le Territoire desquels les Donateurs ont leur domicile, & encore où chacune des choses données soient assises, si ce sont biens séparez : mais en cas de biens unis par féodalité, ou autrement, lesdites publications & enregistrement seront faits au Siége du principal manoir & chef-lieu, dont le surplus desdits biens dépend : en sorte néanmoins que les publications & enregistrement des dispositions des biens feodaux, seront faits en nos Bailliages, & Siéges Bailliagers, & des biens roturiers en nos Prevôtez & Siéges inférieurs.

II. Toutes Substitutions Fidei-commissaires, par quelques Actes qu'elles puissent être faites, soit entre-vifs, ou à cause de mort, seront pareillement publiées & enregistrées és Siéges, dans le Territoire desquels les choses seront assises, & où ceux

qui

qui auront fait lesdites Substitutions, auront leur domicile, en distinguant, comme en l'article précédent, les biens féodaux de ceux de roture.

III. Toutes Ventes, Cessions ou Délaissemens de propriété d'immeubles, faits avec clause de rétention d'usufruit, par les vendeurs, cédans, ou delaissans, seront également publiées & regîstrées esdits Siéges, dans le Ressort desquels lesdits biens vendus, cédez, & délaissez seront situez, & où les vendeurs, cédans & délaissans auront leur domicile.

IV. Toutes Institutions contractuelles d'Heritiers, & Donations faites entre-vifs, d'universalité de meubles, ou d'usufruit d'immeubles, de pension & rente viagére, ou autres sommes spécialement affectées sur immeubles, seront aussi publiées & regîstrées en nos Siéges, sous lesquels les Instituans ou Donateurs auront leur domicile.

V. Les Donations ou dispositions à cause de mort, non contenant clause de *Fideicommis*, non plus que les Donations à cause de noces, faites par Peres & Meres, & autres ascendans, sans clause de rétention d'usufruit, ne seront sujettes à la publication & enregîstrement.

R

VI. Seront faites lesdites publications &
enregiſtremens, à peine de nullité desdites
Donations, Subſtitutions & autres Actes
cy-deſſus énoncez, ſans qu'ils puiſſent être
oppoſez aux Créanciers & Tiers-détenteurs, ni même à l'Heritier du Donateur,
pour les biens ſituez dans le Reſſort des
Siéges où leſdites publications & enregiſtremens n'auront pas été faits ; laquelle
nullité aura lieu contre toutes perſonnes
indiſtinctement, ſauf le recours des Mineurs, & autres qui ſont en puiſſance d'autrui, contre leurs Tuteurs, & autres Ad-
miniſtrateurs de leurs biens. Et ne pourront leſdites publications & enregiſtremens être ſuppléez par aucun Acte équi-
polent, quand bien même on prétendroit
que leſdits Créanciers, Tiers-détenteurs
ou Heritiers, auroient eû, ou pû avoir
connoiſſance des Donations & Subſtitutions par autres voyes.

VII. La nullité prononcée en l'article
précédent, ne pourra ſervir, ni être alléguée par les Donateurs, ſubſtituans, vendeurs, cédans & délaiſſans, ni même par
les Heritiers du Tuteur, Mari, ou autre
Adminiſtrateur des biens du Donataire,
de l'Inſtitué & Subſtitué, qui auroient dû
faire faire leſdites publications & enregiſtremens.

VIII. La même nullité à l'égard des Subftitutions, ne pourra auffi fervir, ni être alléguée par l'Heritier inftitué, & fes Reprefentans, contre les Subftituez ; ni par les premiers Subftituez & leurs Reprefentans, contre les feconds, & ainfi fucceffivement, felon les degrez qui feront établis efdites Subftitutions, fauf leur recours contre l'Inftitué, ou les Subftituez, qui auroient obmis de faire faire lefdites publications & enregiftremens, & qui auroient intermédiairement aliéné ou hypotéqué les biens fubftituez.

IX. Lefdites publications & enregiftremens feront faits, tant entre prefens qu'abfens, pour les Actes entre-vifs, dans les quatre mois du jour & datte d'iceux ; & pour les Subftitutions faites par Actes à caufe de mort, dans les quatre mois, du jour du décés des Subftituans ; fans préjudice néanmoins des droits des Créanciers, & Tiers-detenteurs, qui auroient contraét é dans les temps intermédiaires d'entre les difpofitions fufdites, & lefdites publications & enregiftremens.

X. Permettons néanmoins de faire lefdites publications & enregiftremens aprés les quatre mois de la datte des Actes entrevifs, pourvû que ce foit du vivant des Do nateurs & des Donataires, & des autres Parties contractantes : auquel cas elles vaudront contre leurs Heritiers seulement, & non contre lesdits Créanciers, & Tiers-détenteurs intermédiaires, qui auroient contracté depuis la date desdits Actes, jusqu'à leur publication & enregistrement.

SI DONNONS en Mandement à nos tres chers & féaux les Présidens, Conseillers, & Gens tenant notre Cour Souveraine de Lorraine & Barrois, & à tous autres nos Officiers & Justiciers qu'il appartiendra, que notre présent Edit ils fassent lire & publier, registrer & afficher par-tout où besoin sera, à ce que personne n'en ignore ; & le contenu en icelui garder & faire observer de point en point, selon sa forme & teneur, cessant & faisant cesser tous troubles & empêchemens, nonobstant tous Edits, Déclarations, Coûtumes, & autres choses à ce contraires, ausquelles Nous avons dérogé & dérogeons par ces Présentes : CAR AINSI NOUS PLAÎT. En foy de quoy Nous avons ausdites Présentes signées de notre main, & contre-signées par l'un de nos Conseillers-Secretaires d'Etat, Commandemens & Finances, fait mettre & appendre notre grand Scel. DONNE' en notre ville de Lunéville

le 13 Décembre 1718. *Signé*, LEOPOLD.
Et plus bas : Par Son Altesse Royale, S. M.
LABBE'. *Regiſtrata*, TALLANGE.

Lû, publié & regiſtré, ouï & ce requerant le Procureur Général de S. A. R. pour
être gardé, obſervé & exécuté ſuivant ſa
forme & teneur. Ordonné que copies duëment collationnées ſeront inceſſamment envoyées dans tous les Bailliages, & autres Siéges reſſortiſſans nuëment à la Cour, pour y
être pareillement lû, publié, regiſtré, gardé, obſervé & exécuté. Enjoint aux Subſtituts dudit Procureur Général de S. A. R.
ſur les Lieux, d'y tenir la main, & d'en certifier la Cour au mois. FAIT à Nancy à l'Audience publique tenante, le Jeudy vingt-
deuxiéme Décembre 1718. Signé, LAMEL.

EDIT

DE

SON ALTESSE ROYALE,

Qui défend aux Fils & Filles de se marier sans le consentement de leurs Peres & Meres : les Fils avant trente ans, & les Filles avant vingt-cinq ans accomplis.

Du 8 Mars 1723.

LEOPOLD, par la grace de Dieu, Duc de Lorraine, de Bar, de Montferrat & de Teschen, Roy de Jerusalem, Marchis, Duc de Calabre & de Gueldres, Marquis de Pont à Mousson & de Nommeny, Comte de Provence, Vaudémont, Blamont, Zutphen, Sarwerden, Salm, Falkestein, Prince souverain d'Arches & Charleville, &c. A tous presens & à venir, SALUT. Le Duc Charles III. notre Trisayeul, ayant reconnu qu'il étoit d'une dangereuse conséquence de laisser aux enfans de famille la liberté de se marier au gré de leurs de-

firs, & contre la volonté de leurs Peres &
Meres, dans un âge où la foibleſſe, ſouvent même une folle paſſion, ne leur permettent pas de décider avec prudence
d'un engagement qui doit faire le bonheur ou le malheur de leur vie ; fit un Edit
le douze Septembre quinze cens ſoixante
& douze, par lequel il obligea les enfans
mâles juſqu'à trente ans , & les filles juſqu'à vingt-cinq , d'obtenir le conſentement de leurs peres & meres, pour pouvoir
contracter mariage. Cependant une diſpoſition ſi ſage ayant été négligée dans la
rédaction poſtérieure de quelques Coutumes de nos Etats, qui ont laiſſé aux enfans la liberté de ſe marier à leur gré à l'â-
ge de vingt ans, en requerant ſeulement
le conſentement de leurs parens, ſans né-
ceſſité de l'obtenir ; Nous avons crû devoir réformer un tel abus, qui eſt non
ſeulement contraire au reſpect & à la ſou-
miſſion que les Loix divines & humaines
exigent des enfans envers leurs peres &
meres ; mais qui eſt encore nuiſible à la
paix & à l'honneur des familles, où des
mariages capricieux peuvent porter le
trouble & la honte. En prenant ſoin de faire reſpecter l'autorité paternelle , Nous
n'avons pas crû devoir auſſi la porter juſ-

R iiij

qu'à l'excés. Nous avons résolu d'obliger les enfans jusqu'à un âge meur, à prendre leurs parens pour guides, sur un choix aussi important que celui d'une femme, ou d'un mary ; en cela Nous mettons un frein nécessaire à la fougue de la jeunesse : mais laissant ensuite aux enfans, parvenus à un âge qui doit les faire présumer raisonnables, la liberté de se procurer un établissement, que leurs parens auront négligé, Nous subvenons au peu de naturel, ou à l'indolence de certains peres & meres, qui trop occupez d'eux-mêmes, ou de leurs interêts, pensent peu quelquefois à l'avantage de leurs enfans. A ces Causes, & autres à ce Nous mouvans, la matiere mise en déliberation en notre Conseil, de l'avis des Gens d'icelui, & de notre certaine science, pleine puissance & autorité souveraine, Nous avons, par le present Edit perpé ́ ́ ̀ & irrévocable, dit, statué & ordonné, disons, statuons & ordonnons, voulons & nous plaît :

Article I.

Que l'Ordonnance du 12 Septembre 1572 soit exécutée ; ce faisant, que les enfans de famille ne puissent contracter mariage sans le consentement de leurs peres & meres, soit que lesdits peres ou meres ayent passé en secondes noces, ou non.

II. Si lesdits enfans contractent mariage sans ledit consentement, ils pourront être exherédez.

III. Les déclarons indignes & incapables de tous profits, avantages, donations à cause de noces, & douaires qu'ils pourroient avoir stipulez par les Contracts de tels mariages, ou qui sont attribuez par les Coutumes aux personnes mariées.

IV. Les Entremetteurs de tels mariages, & ceux qui y assisteront sciemment, contre l'intention des peres & meres, de quelle qualité & condition qu'ils soient, seront punis d'une amende arbitraire, jusqu'à concurrence du tiers de leur bien; même de punition corporelle contre les Roturiers, selon les circonstances du fait.

V. Néanmoins, les fils dont l'âge excédera trente ans, & les filles vingt-cinq, qui contracteront mariage sans le consentement exprés de leurs peres & meres, & ceux qui les assisteront, seront exempts des peines susdites, pourvû que les enfans ayent requis par écrit ledit consentement de leurs peres & meres.

VI. Ce confentement fera requis par Sommation refpectueufe, faite aux Peres & Meres, par le miniftere d'un Tabellion affifté de deux Témoins, ou par le miniftere de deux Notaires.

VII. Les Enfans qui feront en Tutelle ou Curatelle d'autres que leurs Peres & Meres, ou de leurs Afcendans, ne pourront auffi fe marier avant l'âge accompli de vingt-cinq ans, fans l'exprés confentement de leurs Tuteurs ou Curateurs, & de deux de leurs plus proches Parens paternels, & autant de maternels, à peine de confifcation de leurs biens.

VIII. Seront auffi les Entremetteurs des Mariages de tels Mineurs au deffous dudit âge de vingt-cinq ans accomplis, fujets aux peines portées en l'Article IV.

IX. Dérogeons à tous Edits, Ordonnances, Us & Coutumes faifant au contraire des Prefentes.

SI DONNONS en Mandement à nos tres chers & feaux les Préfidens, Confeillers, & Gens tenans notre Cour Souveraine de Lorraine & Barrois; Baillis, Lieute-

nans Generaux, Conseillers, & Gens de
nos Bailliages, Prévôts, Mayeurs, & à
tous autres nos Officiers, Justiciers, Hommes & Sujets qu'il appartiendra, que ces
Presentes ils fassent lire, publier, régistrer
& afficher par-tout où besoin sera, pour
être suivies & executées selon leur forme
& teneur, sans permettre qu'il y soit con-
trevenu directement, ni indirectement :
Car ainsi Nous plaît. Et afin que
ce soit chose ferme & stable à toujours,
Nous avons aux Presentes signées de notre
main, & contresignées par l'un de nos
Conseillers Secretaires d'Etat, Commandemens & Finances, fait mettre & appendre notre grand Scel. Donne' à Nancy
le 8 Mars mil sept cent vingt-trois. *Signé*,
LEOPOLD. *Et plus bas :* Par Son Altesse
Royale, S. M. Labbe'. *Registrata*,
Tallange.

Lû, publié & regiſtré, Oüi & ce reque-
rant le Procureur General de Son Alteſſe
Royale, pour être ſuivi & executé ſelon ſa
forme & teneur : Ordonné, qu'à la diligen-
ce dudit Procureur General, copies duement
collationnées ſeront envoyées dans tous les
Bailliages & autres Siéges reſſortiſſans nue-
mens en la Cour, pour y être pareillement lû,

publié , regiſtré & executé. Enjoint aux Subſtituts du Procureur General ſur les Lieux , de tenir la main à l'execution , & d'en certifier la Cour au mois. Fait à Nancy, à l'Audiance publique de la Cour Souveraine de Lorraine & Barrois , tenuë en Robes rouges , le Lundy 15 Mars 1723. Preſens Meſſieurs Cueillet & de Gondrecourt , Préſidens au Mortier; l'Abbé de Mahuet, Conſeiller Prélat ; de Nay , Pariſot , Hurault, de Malvoiſin , de Lombillon , Baudinet , Duboys de Riocourt , de Sarraſin , Henry de Pont , Viriet de Remicourt , Dauburtin de Charly , Dupuy , Roüot , de Kiecler , Grandemange , de Nay de Richecourt , Cueillet de Villey , & Thomaſſin , Conſeillers.

ORDONNANCE

DE

SON ALTESSE ROYALE,

Pour réprimer les avantages immo-
derez des secondes noces.

Du 22 Septembre 1711.

LEOPOLD, par la grace de Dieu,
Duc de Lorraine, de Bar, de Montferrat & de Charleville, Roy de Jerufa-
lem, Marchis, Duc de Calabre & de Gueldres, Marquis de Pont à Mouſſon & de
Nommeny, Comte de Provence, Vaudémont, Blamont, Zutphen, Sarwerden,
Salm, Falkeſtein, &c. A tous préſens &
à venir, SALUT. Comme le Mariage tire ſon inſtitution du Droit divin & du
Droit naturel, & qu'il eſt le fondement
de la ſocieté civile, les Loix humaines en
ont embraſſé la protection avec juſtice.
Mais les ſecondes Noces n'étant pas favorables à certains égards, les Loix Romaines avoient flétri par des peines ri-

goureufes, les femmes qui fe remarie-
roient dans l'année de deuil ; & réprimé
par de fages précautions , les libéralitez indifcretes des unes & des autres envers leurs
feconds maris. Le Droit Canonique touché par des confidérations plus importantes , rendit l'honneur aux fecondes Noces , en confervant la diftinction qui étoit
duë aux premiéres ; & quoi que les Nations Chrétiennes prefque toutes fe foient
conformées à cette difpofition , la plupart
n'ont pas laiffé de retenir ou de renou-
veller celle du Droit Romain , pour limi-
ter les avantages , par le moyen defquels
les perfonnes qui fe remarient , fe procu-
rent de nouveaux engagemens aux dépens de la fortune du premier ; & pour
empêcher que les bienfaits de la partie prédécédée en faveur du furvivant , ne paffent dans une famille étrangére , au mépris
de l'ancien amour conjugal , enfeveli avec
le défunt , & au préjudice des premiers
enfans. La prévoyance judicieufe de ces
Loix n'a pas encore été pratiquée dans nos
Etats , dont les Coûtumes & les ufages
n'ont pourvû qu'imparfaitement à la confervation des droits des enfans du premier
lit , contre la licence des fecondes affections ; ce qui a produit beaucoup de defor-

dres dans les familles, dont Nous avons
reçu de fréquentes plaintes, qui Nous
obligent d'y rémédier, en établissant parmi nos Sujets une Jurisprudence également équitable & salutaire. A CES CAUSES,
de l'avis de notre Conseil, & de notre certaine science, pleine puissance & autorité
souveraine, Nous avons dit, déclaré, statué & ordonné, disons, déclarons, statuons & ordonnons, voulons & nous
plaît :

Que dorénavant ceux de nos Sujets,
soit hommes ou femmes, qui ayant des enfans d'un lit précédent, ou des petits enfans en provenans, viendront à se rema-
rier, ne pourront avantager directement,
ou indirectement leurs autres maris ou
femmes, les pere, mere ou enfans d'iceux,
ou autres personnes interposées par fraude, ni leur donner, soit par Contract de
mariage, Testament, Donation entre-vifs,
ou à cause de mort, ou par quelqu'autre
Acte que ce puisse être, deniers comptans,
dettes actives, immeubles, ou quelqu'autre effet que ce puisse être, à eux appar-
tenant, & d'où ils puissent procéder, plus
outre ni au delà de la portion qui appartiendra à celui de leurs enfans du premier
lit, qui prendra le moins en leur succes-

fion, foit *ab inteſtat*, foit en vertu de diſpoſition par eux faite en leur faveur. Et
en cas de contravention, l'excedent deſdits avantages fera réduit à ladite portion
du moins prenant deſdits enfans.

Voulons auſſi que la proprieté de tous
les avantages, ou diſpoſitions qui auront
été faites par la partie prédécédée au profit du ſurvivant, ſoit par Contract de Mariage, teſtament, ou autre Acte entre-vifs,
ou à cauſe de mort, demeure réſervé de
plein droit, au point de la célébration du
ſecond Mariage, aux enfans du premier
lit, ſauf l'uſufruit au ſurvivant, qui ne
pourra en diſpoſer directement ou indirectement, pour quelque cauſe & occaſion que ce ſoit; ſinon au cas que tous leſdits enfans viendroient à décéder avant le
ſurvivant; auquel cas la proprieté des mêmes avantages retournera de plein droit
audit ſurvivant, avec réünion dudit uſufruit, pour en diſpoſer comme bon lui
ſemblera.

N'entendons néanmoins déroger aux
Coûtumes de nos Pays, en ce que dans
certains cas elles reſtreindroient davantage
la liberté des perſonnes qui ſe remarient.
Voulons à cet égard, qu'elles ſoient exé-
cutées en ce qu'elles ne ſeront contraires
à notre préſent Edit.   Sꝫ

SI DONONS en Mandement à nos tres chers & féaux les Présidens, Conseillers & Gens tenans notre Cour Souveraine de Lorraine & Barrois, & à tous autres nos Officiers, Justiciers, Hommes & Sujets qu'il appartiendra, que ces Présentes ils fassent lire, publier & régistrer, & leur contenu exécuter de point en point selon leur forme & teneur, nonobstant toutes Ordonnances, Coûtumes, Arrêts & Réglemens contraires, ausquels Nous avons dérogé & dérogeons à cet égard seulement; cessant & faisant cesser tous troubles & empêchemens au contraire : CAR AINSI NOUS PLAÎT. En foy de quoy Nous avons ausdites Présentes signées de notre main, & contre signées par l'un de nos Conseillers-Secretaires d'Etat, Commandemens & Finances, fait mettre & appendre notre grand Scel. DONNE' en notre ville de Lunéville le vingt-deuxiéme jour du mois de Septembre 1711. *Signé,* LEOPOLD. *Et plus bas :* Par S. A. R. OLIVIER, *pro* LABBE'. *Regiſtrata,* D. PIERRE, *pro* G. PERRIN.

Luë, publiée, l'Audience publique tenante, oui & ce requerant le Procureur Géneral : Ordonné qu'elle sera régistrée, pour

être suivie & exécutée selon sa forme & te-
neur ; & qu'à sa diligence copies dûëmens
collationnées seront envoyées dans tous les
Bailliages & Siéges ressortissans nuëment à
la Cour, pour y être pareillement luë, pu-
bliée, suivie, exécutée & régistrée. Enjoint
aux Substituts de chacun desdits Lieux de
tenir la main à l'exécution d'icelle, & d'en
certifier la Cour au mois. FAIT en la Grand'
Salle du Palais, le 12 Novembre 1711. Signé,
VAULTRIN.

❀❀❀❀❀❀❀❀❀❀❀❀❀❀❀❀❀❀

ARREST

DE LA COUR SOUVERAINE

DE LORRAINE ET BARROIS,

Par lequel il est jugé que les Voyes
de nullité ont lieu pendant trente
ans dans la Coûtume de Lorraine,
nonobstant l'Ordonnance des dix
ans pour la restitution.

Du 29 Novembre 1708.

ENTRE Messire Jean-François-Paul
Comte Desarmoises, Seigneur de S.

Ballemont, Sandaucourt, & autres Lieux, premier Ecuyer de S. A. R. l'un de ses Chambellans, Appellant par Mathieu & Wary, ses Avocat & Procureur, suivant les fins de ses Requêtes & Relief du 8 Aoust 1708. *Pareatis* du Lieutenant Général au Bailliage de Vitry-le-François, du 13. Exploit d'intimation du 14. contrôllé le même jour, d'une Sentence renduë par les Officiers du Bailliage de Nancy le 24 Février précédent, par laquelle, sur la demande formée par l'Appellant en enterinement du Decret de restitution obtenu sous son nom par le Sieur Comte Desarmoises de Commercy, le 17 May 1704, contre la vente par lui faite, par Contract du 14 Avril 1689, au feu Sieur Marêchal, Doyen de la Collégiale dudit Commercy, d'un Gagnage situé à Xirocourt; les Parties ont été appointées en droit, d'une part; & Dame Charlotte Noël du Lys, veuve du Sieur Joseph de Crosny, lorsqu'il vivoit Capitaine de Cavalerie pour le Service du Roy Très-Chretien, Heritiere dudit Sieur Marêchal, Intimée, par Thibault & Pierre, ses Avocat & Procureur, d'autre part.

Mathieu pour l'Appellant, a soutenu que le Contract du 14 Avril 1689, ayant

été fait pendant fa minorité , il étoit nul ;
faute d'autorifation du Procureur Général , fuivant l'art. xiii. tit. IV. de la Coûtume de Lorraine : Qu'étant nul, le Decret de reftitution obtenu par le Sieur
Defarmoifes de Commercy, fous le nom
de l'Appellant , étoit une précaution fur-
abondante & inutile , puifque les voyes de
nullité ont lieu , fuivant l'art. xv. du tit.
XII. de la même Coûtume, & qu'il y a trente ans pour l'action en déclaration de nullité , conformément à l'art. i. du tit. xviii.
Que la vente étant nulle , on ne pouvoit
contefter la reftitution des fruits ; puifque
l'Acquereur n'ayant jamais été Proprietaire , il n'avoit pû faire les fruits fiens , &
que l'Appellant devoit rentrer en la poffeffion de fon bien avec tous fes droits ,
comme s'il n'y avoit point eu de vente ; A
conclu à ce qu'il plût à la Cour mettre
l'Appellation , & ce dont eft Appel, au
néant ; émendant , évoquant le principal ,
& y faifant droit , déclarer ledit Contract
nul & de nul effet ; & en conféquence ,
condamner l'Intimée à abandonner la poffeffion à l'Appellant, avec reftitution de
fruits , fauf à elle à retirer le prix de la
vente confignée , à fes rifques , en exécution de l'Arrêt de la Cour du fix Septem-

bre dernier, & aux offres de lui en payer l'interêt au denier vingt, & la condamner aux dépens, tant des Caufes principale d'Appel.

Thibault pour l'Intimée, a foutenu au contraire, 1°. Que la vente étoit valable; parce que *urgebat æs alienum*, & que la vente avoit été faite du gré & confentement du Pere, du Tuteur, & des Parens du Mineur. 2°. Parce qu'il n'y a point de léfion; que les voyes de nullité font prefcrites par l'Ordonnance de S. A. R. du 8 Avril 1699, qui admet le bénéfice de relief, & le requiert indéfiniment; & que le relief étant néceffaire, comme l'Appellant l'a reconnu, puifqu'il y a eu recours, il n'étoit pas recevable, n'ayant agi pardevant Juge Compétent pour l'entherinement, qu'en l'année 1706, temps auquel les premiéres dix années depuis la majorité complete, étoient écoulées : Que d'ailleurs le Sieur de S. Ballemont étant né dans le Baîlliage de S. Mihiel, qui eft pays de Relief, c'étoit la Coûtume du lieu de fa naiffance, qu'il falloit fuivre, & non pas celle de Lorraine, puifqu'il s'agiffoit de fa capacité pour contracter; & par ces raifons a conclu à ce que l'Appellation, & ce dont eft Appel, fuffent mis au néant;

émendant, évoquant le principal, & y faisant droit, que l'Appellant fût déclaré non recevable, en tout cas, mal fondé en sa demande, & condamné aux dépens, tant de Causes principale que d'Appel.

Mathieu a répliqué, qu'il ne suffisoit pas qu'il y eût des raisons de vendre ; qu'il falloit encore qu'on eût vendu suivant les formalitez voulües par la Coûtume : Que s'il s'agissoit de régler la majorité du Sieur de S. Ballemont, la Coûtume de S. Mihiel, en laquelle il est né, feroit loy : mais s'agissant d'une aliénation d'immeubles, elle auroit dû se régler par la forme observée dans le lieu où le bien est situé : Que d'ailleurs la Coûtume de S. Mihiel ne prescrivant point la forme de l'aliénation des biens du mineur, on ne pouvoit recourir qu'à la Coûtume de Lorraine, celle de Bar se taisant, comme celle de S. Mihiel ; ou bien recourir au Droit Romain, qui régit Commercy, où le Contract a été passé. Que si on recouroit à la Coûtume de Lorraine, l'art. xiii. du tit. IV. décide formellement sur la nullité de la vente, par le défaut de l'autorisation du Procureur Général, qui est le Juge des Mineurs : Que si on avoit recours au Droit Romain, il falloit *Judicis decretum*, lequel manquant

en la vente dont il s'agiſſoit, elle étoit nulle, ſuivant le titre du Code *De prædiis , &*
aliis rebus minorum ſine decreto non alienan-
dis , &c. D'Argentré , art. 481. gl. n. 2.
Rebuffe *De reſtitutionibus in paragraph.*
t.... n. 25. Que le conſentement du Pere ,
du Tuteur & des Parens ne ſuffiſoit ni en
Droit ni en Coûtume. En Droit, § *Si Pater,*
L. 7. de rebus eorum qui ſub tutelâ, vel cu-
ratelâ , &c. En Coûtume , celle de Lorraine , tit. 12. art. 12. Que vente de biens
de Mineurs ſans l'autorité du Magiſtrat ,
étoit inutile en Droit , *L. 2. C. de prædiis ,*
&c. Et en la Coûtume de Lorraine , tit.
12. art. 7. Que l'Ordonnance du 8 Avril
1699 ne concerne que les Majeurs ; qu'elle ne prononce que ſur le premier chef
dudit art. 7. tit. 12. & ne parle point des
Contracts qui ſont nuls de Droit : Qu'ainſi les voyes de nullité ne ſont pas cenſées
abrogées : Qu'il n'eſt pas néceſſaire qu'il
y ait léſion ; qu'un interêt d'affection ſuffit au mineur , *L. 25. ff. de minoribus :* Que
dés que la vente eſt faite *ſine decreto* , un
Mineur eſt toûjours cenſé léſé quand il
aliéne : Que s'il falloit un decret de reſtitution, ce qu'il a ſoutenu inutile , l'Appellant en avoit un ; & que nonobſtant que
les pourſuites qu'il avoit faites pour l'en-

therinement , euſſent été intentées pardevant un Juge incompétent , elle ſuffiſoient
pour avoir interrompu la preſcription de
dix ans , qui de ſoy eſt odieuſe , comme
reſtreignant la preſcription générale de
trente ans.

Ouï Bourcier Avocat Général pour le
Procureur Général , qui a fait récit du
Fait , & des Moyens des Parties , & a eſtimé que le Contract étant nul , le decret
de reſtitution étoit inutile , & qu'il y avoit
lieu , pour les raiſons qu'il a déduites , de
mettre l'Appellation , & ce dont eſt Appel , au néant ; emendant , évoquant le
principal , & y faiſant droit , déclarer le
Contract de vente , dont il s'agiſſoit , nul ,
& de nul effet & valeur ; en conſequence ,
condamner l'Intimée à abandonner la poſſeſſion à l'Appellant , avec reſtitution de
fruits , en lui rembourſant le prix principal , qui a tourné à ſon profit , & les interêts au taux des Ordonnances. Et aprés
que la Cauſe a été plaidée pendant trois
Audiences ;

La Cour a mis l'Appellation , & ce
dont eſt Appel , au néant ; émendant , évoquant le principal , & y faiſant droit , a déclaré les vente & aliénations faites par la
Partie de Mathieu du Gagnage de Xiro-

court, dont il s'agit, nulles & de nul effet ;
& en consequence, condamne la Partie
de Thibault de lui en abandonner la proprieté & jouïssance : a compensé les fruits
qu'elle ou ses Auteurs en ont perçus jusqu'au jour de la consignation faite par la
Partie de Mathieu, avec les interêts du
prix principal de la vente dudit Gagnage,
& les impenses & méliorations qui peuvent y avoir été faites ; moyennant quoy
elle a permis à la Partie de Thibault de retirer les deniers consignez, & l'a condamnée aux dépens. FAIT à Nancy en la
Grand'Salle du Palais, le 29 Novembre
1708. *Signé*, Par la Cour, VAULTRIN.

ARREST

DE LA COUR SOUVERAINE

DE LORRAINE ET BARROIS.

Par lequel il est jugé que quand il s'a-
git de la capacité de contracter,
on considere seulement la Coûtume du domicile.

du 26 Novembre 1699.

ENtre Pierre Mercier, Bourgeois de
Nancy, Appellant d'une Sentence renduë au Bailliage de la même Ville le 17
Janvier dernier, & Défendeur, d'une
part ; & Messire Charles de Cultz, Chevalier Comte de Deuilly, Intimé, & Demandeur incidemment en entherinement du
Decret par lui obtenu de S. A. R. le 26 du
même mois de Janvier. Et encore contre
le Sieur de Lombillon, Conseiller au Bailliage de Nancy, Intimé.

Abram Avocat de l'Appellant, a conclu à ce qu'il plût à la Cour mettre l'Appellation & Sentence dont a été appellé,

au néant; emendant, sans s'arrêter audit Decret, de l'entherinement duquel le Demandeur sera débouté, renvoyer l'Appellant de la demande contre lui formée en nullité du Contract du 11 Mars 1690 dont s'agit, avec dépens, tant des Causes principale que d'appel; & au cas qu'il plairoit à la Cour confirmer le premier chef de la Sentence, condamner le Sieur de Lombillon à se désister d'une des maisons en question, en le remboursant du prix que l'Appellant en a touché seulement, sans dommages, interêts ni dépens, sauf à lui de répéter les impenses & méliorations qu'il peut y avoir fait, audit Sieur Comte de Deuilly, & condamné pareillement aux dépens.

Ouï le Févre pour l'Intimé, qui a conclu à ce que l'Appellation fût mise au néant; en tout cas, qu'ayant égard au Decret obtenu de S. A. R. le 26 Janvier dernier, & icelui entherinant, les Parties fussent remises en tel & semblable état qu'elles étoient auparavant le Contract de vente dont il s'agit; en consequence l'Appellant condamné à se désister des trois maisons y mentionnées, lui en laisser la libre & entiére jouissance; aux offres qu'il fait de restituer le prix qu'il justifiera en avoir véritablement déboursé , ensemble les impenses & méliorations , si aucunes y a ; consentant que les fruits demeurent compensez avec les interêts desdites sommes ; & en l'un & en l'autre cas , l'Appellant condamné à l'amende & aux dépens.

Ouï ledit Lombillon en personne , qui a soutenu le bien jugé de la Sentence dont il s'agit.

Ouï aussi Bourcier Procureur Général , qui a dit estimer y avoir lieu , ayant égard au Decret obtenu par le *Sieur Comte de Deuilly* de S. A. R. entant que besoin seroit seulement , & icelui enterinant , de mettre l'Appellation au néant ; & en consequence , ordonner que la Sentence dont est appel sortira son plein & entier effet.

La Cour ayant égard aux Lettres , & icelles entérinant , a mis sur l'Appel interjetté par la Partie d'Abram , de la Sentence dont il s'agit , à l'égard de celle de Févre , les Parties hors de Cour ; & faisant droit sur l'Appellation de la même Sentence à l'égard dudit Lombillon , a mis ladite Sentence au néant , en ce que par icelle ladite Partie d'Abram auroit été condamnée en ses dommages & interêts ; émendant quant à ce , l'en a déchargé ; lad. Sentence au surplus sortissant son effet , sans dépens , entre

les Parties compensez. Fait à Nancy le 26.
Mars 1699. *Signé*, par la Cour,
VAULTRIN.

ARREST

DE LA COUR SOUVERAINE

DE LORRAINE ET BARROIS,

Par lequel elle a préjugé que l'acquisition d'un immeuble, faite entre
deux conjoints au profit du survi-
vans de l'un d'eux, tombe dans la
prohibition du Don mutuel, &
que la Donation de cet acquêt est
réduite à l'usufruit au profit du
Mari.

Du 25 Janvier 1706.

ENtre Dame Barbe Belchamp, veuve
du Sieur de la Mothe-Bailly, vivant
Lieutenant du Roi T.C. au Gouvernement
de Nismes, demeurant à Nancy, Appellant, suivant les Fins de ses Requête &
Relief du 22 Décembre 1705, & de l'Exploit d'intimation du 31 du même mois,

fait par l'Huissier Jeandon, controllé à
Lunéville le premier du présent mois par
la Seau, d'une Sentence renduë au Bailliage de Nancy le 15 dudit mois de Décembre, par laquelle il a été donné Acte
de la Déclaration faite par l'Appellant,
qu'elle se déporte de sa Demande en ce
qui concerne le partage des meubles; ordonné que l'Intimé ci-aprés nommé,
representeroit par serment tous les Titres,
Papiers & Enseignemens qu'il peut avoir
concernant les immeubles de la Succession
de Françoise-Ignace Belchamp, au jour
de son décés épouse dudit Intimé; & qu'il
donneroit partage de l'acquêt fait par lui
& elle, par Contract passé pardevant Noël
Tabellion à Nancy, le dernier jour du
mois de Mars 1688, pour en joüir par
l'Appellante de la moitié en proprieté, à
charge néanmoins de l'usufruit au profit
dudit Intimé pendant sa vie, dépens compensez; par Maîtres Dominique Mathieu,
& Joseph Gaspard Wary, ses Avocat &
Procureur, d'une part : Et le Sieur de
Froidebise, Capitaine-Lieutenant, com-
mandant les Gentilshommes de S. A. R.
par Maîtres Joseph Barret & Henry, ses
Avocat & Procureur, d'autre part : Et encore entre ladite Belchamp, Demande-

resse subsidiairement sur le Barreau, à ce qu'en cas qu'il plairoit à la Cour ajuger audit le Court l'usufruit des biens énoncez au Contract d'acquêt de l'année 1688, il soit tenu de décharger lesdits biens de toutes dettes personnelles ; & à cet effet, que les revenus d'iceux soient employez au payement des dettes contractées par ledit le Court, & ausquelles il a fait accéder ladite Belchamp son épouse, d'une part ; & ledit le Court Défendeur, d'autre part ; sans que les qualitez puissent nuire ni préjudicier.

Mathieu Avocat de ladite Barbe Belchamp, a conclu à ce qu'il plût à la Cour dire qu'il a été mal jugé par ladite Sentence, en ce qu'on a accordé l'usufruit de la moitié des biens acquis par le Contract de 1688, audit le Court, dont la proprieté appartient à l'Appellante, comme heritiere de ladite Ignace-Françoise Belchamp sa sœur, & en ce qu'on a compensé les dépens ; émendant quant à ce, que ledit le Court fût condamné à abandonner la jouïssance de la moitié dudit acquêt, avec restitution des fruits depuis le jour dudécés de son épouse, & aux dépens, tant de Causes principale que d'Appel. Et au cas qu'il plairoit à la Cour en ordonner au-

trement, qu'il fût fait droit fur fa demande fubfidiaire, auffi avec dépens.

Ouï Barret pour l'Intimé, qui a conclu à ce qu'il plût à la Cour recevoir l'Appellation par lui incidemment interjettée
fur le Barreau, de la Sentence dont il s'a-
git ; & y faifant droit, mettre lefdites Appellations, & Sentence dont eft appel,
au néant ; en ce que par icelle il auroit
été ordonné que ledit Intimé donneroit
partage à l'Appellante de la moitié de l'acquêt fait entre lui & fa défunte femme :
émendant quant à ce, le renvoyer de la
Demande contre lui formée à cet égard ;
& en conféquence, fans avoir égard à la
Demande fubfidiaire de l'Appellante, mettre l'Appellation principale au néant, avec
amende & dépens.

La Cour a reçu l'Appellation incidemment interjettée fur le Barreau par la
Partie de Barret ; & fans s'y arrêter, non
plus qu'à l'Appellation principale, a mis
fur lefdites Appellations principale & in-
cidente les Parties hors de Cour ; & ayant
aucunement égard à la Demande inciden-
te de la Partie de Mathieu, condamne
celle de Barret de décharger dans fix mois
la propriété qui lui a été ajugée de la
moitié des immeubles en queftion, fituez

à Eulmont, de toutes dettes personnelles d'entre lui & défunte sa femme, à la réserve néanmoins de celle de trois mille francs par elle donnez à la Dame de Geinvry, par Contract du 9 Avril 1689 ; tous dépens compensez ; les frais & coust du présent Arrêt payables par moitie. Fait à Nancy ledit jour vingt-cinq Janvier 1706. *Signé*, par la Cour, VAULTRIN.

I. ARREST

DE LA COUR SOUVERAINE

DE LORRAINE ET BARROIS,

Qui a déclaré nulle une Donation entre-vifs faite par une fille, au profit d'un Couvent où elle étoit pensionnaire perpétuelle, moyennant le payement de quelque somme au Couvent.

Du 30 Avril 1703.

ENtre Jean-Antoine-Emanuel Monier, Marchand Bourgeois de Mircourt, à cause de Françoise Maleastel son épouse,

T

Appellant d'une Sentence contre lui renduë au Bailliage de Nancy le..... Mars 1703, par laquelle, sur la Demande par lui formée à ce que sans avoir égard à la prétenduë Donation entre-vifs, faite par Claude du Fraigne, vivante Pensionnaire perpétuelle au Couvent des Religieuses Prêcheresses de cette Ville, le 22 Septembre 1701, il fût maintenu & gardé en la possession des biens meubles & immeubles par elle délaissez; les Parties auroient été mises hors de Cour, & ordonné que ladite Donation seroit exécutée selon sa forme & teneur, d'une part. Contre les Prieure, Religieuses & Communauté de l'Ordre de saint Dominique, autrement Prêcheresses, de ladite ville de Nancy, Intimées, d'autre part.

Thibault Avocat de l'Appellant, a conclu à ce qu'il plaise à la Cour mettre l'Appellation, & ce dont est appel, au néant; émendant, le maintenir & garder en la possession des biens meubles & immeubles de ladite feuë Damoiselle Claude du Fraigne; ce faisant, condamner les Intimées de lui mettre en main tous les Titres, Papiers & Enseignemens, ensemble tous les meubles, or & argent monnoyé, & travaillé, dont elles se sont emparées, provenant de ladite du Fraigne, & ce par ferment, fauf à informer du recelé ; en tout cas, fuivant la commune renommée ; à la reftitution des fruits depuis l'induë détention, & aux dépens.

Ouï Thomerot pour les Intimées, qui a foutenu le bien jugé, avec amende & dépens.

Ouï auffi pour le Procureur Général, Pillement de Ruffange Avocat Général, qui aprés avoir fait recit du Fait & de la Procédure, a eftimé y avoir lieu de mettre l'Appellation & Sentence dont eft appel, au néant ; émendant, fans s'arrêter à la Donation du 22 Septembre 1701, laquelle fera déclarée nulle & de nul effet, garder & maintenir la Partie de Me. Thibault dans la poffeffion & jouïffance de tous les biens meubles & immeubles, dont la défunte Claude du Fraigne jouïffoit lors de fon décés, & qui feront reprefentez par ferment, fauf à informer du recelé ; fur lefquels néanmoins il fera pris & délivré aux Parties de Thomerot une fomme de quatre mille francs, tant pour les avances par elles faites en médicamens & frais funeraires, que pour entretenir la Fondation en queftion : fi mieux n'aime la Partie de M. Thibault leur abandonner

tous les meubles & effets. Et au cas que
les Parties de M^e. Thomerot ne voudroient pas ſe charger de la Fondation,
dont elles feront tenuës de faire leur déclaration dans le mois, leur délivrer feulement la ſomme de mille francs pour les
médicamens & frais funeraires ; pour être
les trois autres mille francs employez ailleurs en ſemblables œuvres pies, de l'avis
des Parens, & de ſa participation. Et aprés
que la Cauſe a été plaidée pendant cinq
Audiences :

L A   C O U R a mis l'Appellation, & ce
dont eſt appel, au néant ; émendant, a
déclaré l'Acte paſſé par défunte Claude
du Fraigne pardevant Meſny, le 22 Septembre 1701, au profit des Parties de
Thomerot, nul & de nul effet ; & en conſequence a ajugé la Succeſſion, tant mobiliaire qu'immobilaire de ladite du Fraigne à la Partie de Thibault : a condamné
celles dudit Thomerot, de lui en repreſenter tous les effets, & par ſerment, ſauf
à informer du recelé, & de lui tenir
compte des revenus qu'elles en ont perçus : Ordonne néanmoins que pour l'exécution des diſpoſitions pieuſes faites par
ladite du Fraigne par l'Acte en queſtion,
il ſera pris annuellement ſur les revenus

de la Succession la quantité de deux re-
saux de bled, lesquels seront délivrez à la
personne en faveur de qui elle a disposé;
& pour une fois seulement la somme de
trois mille francs, qui seront délivrez aux
Parties dudit Thomerot, au cas qu'elles
veuillent se charger des Fondations que
ladite défunte a faites en leur Maison; ce
qu'elles seront tenuës de déclarer dans le
mois; & à leur refus, sera la même somme, de l'avis des plus proches parens de
ladite défunte, & avec la participation du
Procureur Général de S. A. R. employée
aux mêmes fins, dans telle autre Maison
Religieuse qu'il sera jugé à propos, sur
icelle pris au préalable ce qui devra être
payé aux Parties dudit Thomerot, pour
rétribution de ce en quoy elles auront
exécuté les volontez de ladite du Fraigne,
suivant qu'il sera réglé par la Cour sur leur
déclaration; tous dépens entre les Parties
compensez. Fait à Nancy le trente Avril
1703. *Signé*, VAULTRIN.

II. ARREST

DE LA COUR SOUVERAINE

DE LORRAINE ET BARROIS,

Contre les Donations universelles de tous biens, faites au profit des Communautez Religieuses.

Du 26 Juillet 1706.

ENtre les Prieur, Religieux & Convent des Carmes Déchauffez, établis prés la ville de Pont à Mouffon, Appellans d'une Sentence renduë au Bailliage de la même ville de Pont à Mouffon le 2 Avril 1704, & Demandeurs en évocation du principal fur le Barreau, comparans par Maîtres Thibault & Gentot leurs Avocat & Procureur, d'une part.

Et Barbe Harmand, veuve de Jean Stok, demeurant à Tilly fur Meufe; Nicolas Harmand, Marchand demeurant à Saint Remy; Pierre Harmand, demeurant à Saint Nicolas; & Catherine Lombard, veuve de François Richard, demeurant à Saint

Jean-lés-Marville, tous heritiers de défunte Nicole Harmand, Intimez & anticipans, suivant les Fins de leur Requête du septiéme Avril de ladite année 1704, signifiée le huitiéme, & contrôllée le même jour au Bureau de Pont à Mousson, d'autre part ; comparans par Maîtres Prugnon & Pierre, leurs Avocat & Procureur.

Et encore entre Henry Narel, Maître Chirurgien, demeurant à Arancy, à cause de Jeanne le Febvre sa femme ; Pierre Harmand, Maire de la Ville-basse de Longwy ; François & Nicolas Harmand ; Jean Masson, à cause de Catherine Harmand sa femme ; Claude Desportes, à cause d'Anne Harmand sa femme ; Pierre Vallette, à cause de Jeanne Harmand sa femme, & Henry Ballon en qualité de Tuteur établi aux enfans de défunte Magdeleine Harmand, tous Bourgeois de Longwy, pareillement heritiers de ladite défunte Nicole Harmand, & Demandeurs aux Fins d'intervention, suivant leur Requête du 27 Avril 1705, signifiée le 11 May suivant, contrôllée le 14 du même mois, par Maîtres Chardin & Vaultrin, leurs Avocat & Procureur, d'une part.

Et lesdits Prieur & Religieux Carmes

Déchauſſez de Pont à Mouſſon ; Barbe Harmand veuve de Jean Stok & conſors, Défendeurs ſur ladite intervention, d'autre part. Ladite Sentence dont eſt appel ; par laquelle il eſt ordonné, avant faire droit ſur la demande, que leſdits Intimez feront preuve de la conſiſtance & valeur de la Succeſſion de ladite défunte Nicole Harmande ; permis à eux à cet effet, de faire entendre leſdits Prieur & Religieux, enſemble Antoinette Regnauld, ſervante à ladite défunte, ſur faits & articles pertinens.

Ouï Thibault Avocat des Appellans, aſſiſté de Gentot leur Procureur, qui a conclu à ce qu'il plût à la Cour mettre l'Appellation, & Sentence dont eſt appel, au néant ; émendant, renvoyer leſdits Prieur & Religieux de la Demande contr'eux formée, avec dépens.

Ouï Prugnon Avocat des Intimez anticipans, aſſiſté de Pierre leur Procureur, qui a conclu à ce qu'il plût à la Cour mettre l'Appellation au néant, avec amende & dépens ; ſi non & au cas qu'il lui plairoit évoquer le principal, & y faiſant droit, déclarer l'Acte en forme de Donation univerſelle entre-vifs, paſſé le 15 Juin 1703 au profit deſdits Prieur & Re-

ligieux, par ladite défunte Nicole Harmand, pardevant Fanin & Papigny Notaires audit Pont à Mousson, nul, & de
nul effet & valeur; en conséquence, ajuger aux Intimez la Succession tant mobiliaire qu'immobiliaire de ladite défunte
Nicole Harmand; condamner les Appellans à leur en représenter tous les effets,
Papiers, Titres & Enseignemens concernant la même Succession, & ce par serment, sauf à informer du recelé; & à leur
tenir compte des revenus qu'ils en ont
perçus, avec dépens tant des Causes principale que d'appel.

Ouï Chardin pour les Intervenans, assi-
de Vaultrin leur Procureur, qui a conclu
sté à ce qu'en adhérant aux Fins & Conclusions des Intimez, il plût à la Cour recevoir les Parties intervenantes en la Cause:
ayant égard à leur intervention, & y faisant droit, mettre l'Appellation au néant,
avec amende & dépens; si non, & au cas
qu'il lui plairoit évoquer le principal, &
y faisant droit, sans s'arrêter à ladite Donation, qui sera déclarée nulle, & de nul
effet, en conséquence ajuger tant à ses
Parties qu'aux Intimez ladite Succession,
pareillement avec dépens.

Ouï Bourcier de Villers pour notre Pro-

cureur Général, lequel aprés avoir dé-
duit le fait, & les moyens reſpectifs des
Parties, a eſtimé y avoir lieu de recevoir
les Parties de Mᵉ. Chardin intervenantes
en la Cauſe; ayant égard à leur intervention, & y faiſant droit, mettre l'Appellation, & ce dont eſt appel au néant; é-
mendant, évoquant le principal, & y faiſant pareillement droit, déclarer la Donation faite par défunte Nicole Harmand,
nulle, & de nul effet & valeur; & en conſequence ajuger aux Parties de Maîtres
Prugnon & Chardin la Succeſſion mobiliaire & immobiliaire de ladite Nicole
Harmand; condamner celles de Mᵉ. Thibault, de leur en repreſenter les effets,
enſemble tous les Titres, Papiers & Documens qui les concernent, & par ſerment, ſauf à informer du recelé; ordonner néanmoins, que ſur leſdits effets, il en
ſera pris une ſomme de ſept mille francs,
qui ſera délivrée aux Parties de Maître
Thibault, à charge par elles d'exécuter les
diſpoſitions pieuſes faites par ladite défunte, à la participation de Monſieur le
Procureur Général, & de celle deſdits
Heritiers; ce qu'ils ſeront tenus de déclarer dans le mois.

Et aprés que la Cauſe a été plaidée pendant cinq Audiences;

La Cour a reçu les Parties de Chardin intervenantes en la Cause ; & faisant droit sur leur intervention, a mis l'Appellation, & ce dont est appel, au néant ; émendant, évoquant le principal, & y faisant pareillement droit, a déclaré l'Acte en forme de Donation du 15 Juin 1703, nul, & de nul effet & valeur ; & en consequence a ajugé aux Parties de Prugnon & Chardin, la Succession mobiliaire & immobiliaire de défunte Nicole Harmand ; condamne celles de Thibault de leur remettre par serment tous les effets de ladite Succession, ensemble les Titres, Papiers, Enseignemens & Documens qui la concernent, sauf à informer du recelé ; ordonne néanmoins, que desdits effets, les Parties de Thibault retiendront par devers elles une somme de six mille frans, pour l'exécution des Legs pieux & des Fondations, portez en ladite Donation, autres que les dix écus léguez à la Servante, qui demeureront à la charge des Heritiers, au cas que lesdites Parties de Thibault voudroient bien s'en charger, ce qu'elles seront tenuës d'opter dans le mois ; si non & à faute de ce, & aprés ledit temps passé, sera fait un fonds desdits six mille francs, par les Heritiers, & à la participation du Procureur Général ; dont le revenu sera employé en œuvres pies, & célébrations de Messes, conformément à l'intention de ladite défunte Nicole Harmand : A compensé les fruits & jouissance de ses biens, avec les frais funeraux ; tous dépens entre les Parties compensez ; les coût & frais du present Arrêt à prendre sur les effets de ladite Succession. Fait à Nancy ledit jour 26 Juillet 1706.

III. ARREST

DE LA COUR SOUVERAINE.

DE LORRRAINE ET BARROIS,

Qui juge de même pareille question.

Du 23 Janvier 1708.

ENtre Jean-Charles Viriot, à cause de Jeanne-Marie Boislé sa femme ; Anne Boislé, fille majeure, demeurans à Mircourt, en qualité d'Heritiers maternels de Dame Charlotte-Christine Willaume, veuve du Sieur Jean d'Enquenat, vivant Chevalier Seigneur de Milliers, Baillif de la ville d'Epinal ; Appellans d'une Senten-

ce renduë par les Juges du Bailliage de
la même Ville le 25 Juin de l'année der-
niére 1707, par laquelle sur la Demande
formée par les Appellans & Demandeurs
originaires en la qualité qu'ils agissent,
les Parties auroient été appointées à mettre, suivant les fins de leur Requête, &
Exploit libellé de Gillot Huissier audit
Bailliage d'Epinal, du 2 Juillet suivant,
contrôllé au Bureau du même Lieu, le
même jour; comparans par André & Chas-
sel, leurs Avocat & Procureur, d'une part.

Et les Prieure & Religieuses dn Couvent
de l'Annonciade céleste de la ville d'Epi-
mal, Intimées, par Maîtres Thibault &
Wary leurs Avocat & Procureur, d'autre.

Et encore entre Messire Charles Canon, Baron du Saint Empire, Conseiller
d'Etat de S. A. R. Marquis de Ville-sur-
Yon, Demandeur en intervention, suivant les fins de ses Requête & Exploit de
l'Huissier Urlin, du 10 Décembre dernier, signifiée aux Procureurs des Parties,
& pour ce non contrôllé; par Maîtres
Pierre-Paul & Claude Chevrier, ses Avocat & Procureur, d'une part.

Et lesdites Prieure & Religieuses; Jean-
Charles Viriot, & Anne Boislé, Défendeurs, d'autre.

Et encore entre Philippe Haye , dit la Sonde , Chirurgien , demeurant à Mircourt , à cauſe d'Anne Mengin ſa femme ; Jean Jammaire Tanneur , demeurant au même lieu , à cauſe de Claude-Catherine Mengin ſa femme ; Jean-Claude , Michel & Philippe Barbier , fils & repreſentans Gabriel Mengin , femme de Michel Barbier , leur mere ; & Nicolas Grandjean , Cordonnier , Bourgeois de Mircourt , tous en qualité d'heritiers paternels de Dame Charlotte - Chriſtine Willaume veuve du Sieur de Milliers ; Demandeurs en intervention , ſuivant les fin de leurs Requête & Exploit de l'Huiſſier Noël , du 10 du preſent mois de Janvier , pareillement ſignifiez aux Procureurs des Parties , repreſentez en copie , pour ce non contrôllez , par Marcol le jeune & Pierre , leurs Avocat & Procureur , d'une part.

Et leſdites Prieure & Religieuſes , Jean Viriot , Anne Boiſlé , & ledit Sieur Canon , Défendeurs.

Et encore entre le Sieur Jean-Louïs de Mille , Ecuyer Seigneur d'Hagéville en partie , l'un des Exempts des Gardes du Corps de S. A. R. au nom & comme ayant épouſé Dame Barbe-Beatrix Poirſon , femme en premieres nôces du Sieur Sébaſtien Thirion, vivant Major d'un Régiment de Cuiraſſiers pour le ſervice de S. M. I. au nom & comme Mere & Tutrice naturelle de Jean-Pierre & Sebaſtien-Gabriel Thirion, ſes fils mineurs, en qualité d'heritiers préſomptifs du côté paternel, de ladite Dame Willaume de Millieres, pareillement Demandeurs en intervention, ſuivant les fins de ſes Requête & Exploit de l'Huiſſier Meſny du 23 du preſent mois de Janvier, ſignifiez aux Procureurs des Parties, pour ce non contrôllez, par Maîtres Thomaſſin & de France, ſes Avocat & Procureur, d'une part.

Et leſdites Religieuſes, Viriot, Anne Boiſlé, le Sieur Canon, Philippe Haye, Jean Jammaire, Jean-Claude Michel, Philippe Barbier, & Nicolas Grandjean, és noms & qualitez qu'ils agiſſent & procédent, Défendeurs, d'autre ; & ſans que les qualitez puiſſent nuire ni préjudicier.

Aprés qu'André pour les Appellans & Défendeurs, a conclu à ce qu'il plût à la Cour, ſans s'arrêter aux interventions formées par les Parties de Marcol & Thomaſſin, deſquelles elles ſeront déboutées avec dépens ; faiſant droit au principal, mettre l'Appellation & ce dont eſt appel,

au néant ; émendant, évoquant le principal, & y faiſant droit, déclarer nulle &
de nul effet la Donation faite au profit des
Intimées par Dame Charlotte-Chriſtine
Willaume, au jour de ſon décés veuve du
Sieur Jean d'Huguenat de Milliers ; en
conſéquence, qu'il leur ſera permis de
prendre poſſeſſion de la Succeſſion tant
mobiliaire qu'immobiliaire de ladite de
Milliers, aux offres qu'ils font d'en acquitter les charges de droit ; à l'effet de quoy
les Intimées ſeront condamnées de repreſenter, & par ſerment, ce qu'elles ont &
détiennent de la Succeſſion dont s'agit,
même les effets qu'elles ont fait tranſporter dans leur Monaſtere avant & aprés le
décés de ladite Dame de Milliers, ſauf à
faire informer du recelé par les voyes ordinaires, & même par la voye du Moni-
toire s'il échet, & condamner les Intimées
aux dépens tant des Cauſes principale que
d'appel.

Ouï Chevrier Avocat du Sieur Canon in-
tervenant, qui a conclu à ce qu'il plût à la
Cour le recevoir Partie intervenante en la
Cauſe d'entre les Parties ; ayant égard à
ſon intervention, & y faiſant droit, déclarer la Donation faite par la Dame Willaume de Milliers au profit des Intimées,
nulle ;

nulle; en conséquence lui permettre de prendre possession de la portion qui peut lui obvenir en la Succession dont s'agit, aux offres d'acquitter sa part des dettes qui peuvent être à sa charge; à l'effet de quoi lesdites Intimées représenteront, & par serment, & sauf l'information du recelé, ce qu'elles ont & détiennent, provenant de la Succession, & même ce qu'elles ont fait transporter dans leur Monastere devant & aprés le décés de ladite de Milliers: & pour l'injuste contestation des Intimées, les condamner aux dépens.

Ouï aussi Marcol le jeune, Avocat desdits Philippe Haye, dit la Sonde, à cause d'Anne Mengin sa femme, Jean Jammaire à cause de Claude-Catherine Mengin aussi sa femme, Jean-Claude Michel & Philippe Barbier, fils & representans Gabriel Mengin leur mere, femme de Michel Barbier leur pere, & Nicolas Grandjean; qui a supplié la Cour de recevoir pareillement les Parties intervenantes en la Cause; ayant égard à leur intervention, & y faisant droit, ordonner que sans s'arrêter à la prétenduë Donation de ladite Dame Willaume de Milliers, faite au profit des Intimées, laquelle sera déclarée nulle, & de nul effet & valeur, la Succession de ladite

V

Dame ſera partagée comme *ab inteſtat*; à l'effet de quoi tous le Titres, Papiers, Enſeignemens & Documens, & les effets en dépendans, ſeront repreſentez, ſi non le prix; & les Intimées condamnées aux dépens de l'intervention.

Ouï pareillement Thomaſſin pour le Sieur Jean-Louïs de Mille en la qualité qu'il agit, qui a demandé d'être reçu Partie intervenante en la Cauſe; ayant égard à ſon intervention, & y faiſant droit, mettre l'Appellation, & ce dont eſt appel, au néant; émendant, évoquant le principal, & y faiſant droit, déclarer la prétenduë Donation dont eſt queſtion, nulle & de nul effet; en conſequence, ordonner que la Succeſſion tant mobiliaire qu'immobiliaire de ladite Dame Willaume de Milliers ſera partagée *ab inteſtat* entre ſes Heritiers, pour telle part & portion qui appartient à chacun d'iceux, le tout ſans préjudice de ce qui eſt dû auſdits Sieurs Thirion par la Succeſſion.

Et Thibault Avocat des Intimées, qui a conclu à ce qu'il plût à la Cour mettre l'Appellation au néant, avec amende & dépens; ſi non & au cas qu'il plairoit à la Cour prononcer autrement, & évoquant le principal, ce qu'il laiſſe à ſa prudence, y faisant droit, sans s'arrêter aux interventions des Parties de Maîtres Marcol & Thomaslin, se disant parens paternels, déclarer les offres faites en plaidant, de la part des Prieure & Religieuses du Couvent des Annonciades Célestes d'Epinal ses Parties, de vouloir bien, conformément à l'Acte de Donation dont s'agit, recevoir *gratis* à profession dans leur Monastere une des filles dudit Viriot, ou d'autres parens de ladite Dame de Milliers; de payer en outre audit Viriot à cause de sa femme, à Damoiselle Anne Boislé, & aux parens paternels qui sont pauvres, telle somme en deniers que la Cour jugera à propos, eu égard au degré de pauvreté de chacun d'iceux; de reconnoître Monsieur Canon pour heritier de leur Fondatrice, & de le faire jouir, ses Enfans & Descendans, des Priviléges & Prérogatives des Fondateurs; ordonner que ledit Acte de Donation sera exécuté pour le surplus selon sa forme & teneur, aux offres d'employer les deniers qui en proviendront, à la construction de leur Monastere; & pour la contestation, condamner lesdits Appellans & Intervenans aux dépens.

La Cause ayant été plaidée pendant sept Audiences.

Ouï Bourcier de Villers pour le Procureur Général, qui a eftimé y avoir lieu de recevoir les Parties de Maîtres Chevrier, Marcol & Thomaffin Intervenantes; ayant égard à leur intervention, mettre l'Appellation, & ce dont eft appel, au néant; émendant, évoquant le principal, & y faifant droit, déclarer l'Acte en forme de Donation univerfelle du dixneuf Mars dernier, & tous les autres qui font enfuivis, nuls, & de nul effet & valeur; ce faifant, ajuger aux Parties de Maîtres André, Chevrier, Marcol & Thomaffin, les effets tant mobiliaires qu'immobiliaires de la Succeffion de la Dame de Milliers, chacun pour telle part & portion qu'ils font heritiers, & fuivant les Coutumes dans lefquelles lefdits biens fe trouvent fituez; à l'effet de quoy les Parties de Maître Thibault leur rendront compte, & par ferment, de tout ce qu'elles ont touché defdits immeubles de ladite Succeffion : à charge néanmoins qu'il leur fera ajugé une fomme de quinze mille francs, ou telle autre fomme qu'il plaira à la Cour d'arbitrer, pour acquitter les charges & Donations pieufes portées par la Donation dont il s'agit.

LA COUR a reçu les Parties de Che-

vrier, Marcol & Thomaſſin, intervenantes en l'inſtance : ayant égard à leur intervention, & faiſant droit ſur l'appel interjetté par les Parties d'André, a mis l'Appellation & Sentence dont eſt appel au
néant ; émendant, évoquant le principal,
& y faiſant droit, a déclaré la Donation
univerſelle faite par lad. Charlotte-Chriſtine Willaume au profit des Parties de
Thibault le 19 Mars dernier, nulle, & de
nul effet & valeur ; & en conſequence a
permis aux Parties deſdits André, Chevrier, Marcol & Thomaſſin, ſans que les
qualitez par elles priſes puiſſent leur nuire ni préjudicier entre elles, d'entrer chacun en droit ſoi en poſſeſſion des biens
par elle délaiſſez : ordonne à cet effet,
que les Parties de Thibault leur reſtituë-
ront, & par ſerment, ſauf à informer du
recelé, tous les meubles & effets mobiliaires, Titres, Papiers & Enſeignemens
de la Succeſſion de ladite Willaume ;
dont elles ſont ſaiſies, en leur rembourſant néanmoins toutes les dépenſes qu'elles ſe trouveront avoir faites à l'occaſion
des frais funeraux de ladite Willaume,
& les autres ſommes qu'elles auront payées
à l'acquit de ſa Succeſſion ; & à charge de
leur délivrer une ſomme de quatre mille

V iij

francs, pour être employée par leurs ſoins aux rétributions de quatre mille Meſſes qu'elles ſeront tenuës de faire célébrer, conformément aux diſpoſitions faites à cet égard par ladite Willaume; une autre ſomme de cinq mille cinq cens francs, pour ſervir à l'entrée d'une fille parente de ladite défunte, dans leur Maiſon, pour y être reçuë à faire profeſſion en qualité de Religieuſe de Chœur, au cas qu'elle s'en rendroit digne, ſans qu'à l'occaſion de ſes entrée, vêture, ameublement, & penſion pendant les années de probation & de noviciat, elles puiſſent prétendre plus grande ſomme; & au cas qu'il ne ſe rencontreroit aucune parente de ladite Willaume dans la diſpoſition de ce faire, ſera la même ſomme employée à l'entrée, dot & profeſſion dans leur Maiſon, d'une autre fille de la ville d'Epinal, qui leur ſera préſentée par les parens de ladite défunte; & à charge que ſi aprés l'entrée & vêture de l'une ou de l'autre deſdites filles, elle en ſortoit ſans y faire profeſſion, les Parties dudit Thibault ſeront tenuës d'en recevoir une autre ſur la repreſentation deſdits Parens, en leur payant ſeulement une ſomme de mille francs par forme d'indemnité des dépenſes qu'elles auroient ſouf-

fertes à l'occasion des entrée, pension &
vêture de celle qui en seroit sortie ; & encore une autre somme de sept mille francs
par forme de disposition pieuse de ladite
Willaume en leur faveur, pour être employée à la construction des bâtimens ré-
guliers de leur Monastere ; & à charge de
réciter journellement le Psalme *De profun-
dis*, qu'elle avoit ordonné par l'Acte dudit
jour 19 Mars. Demeureront en outre aux
Parties dudit Thibault les fruits & revenus
qu'elles peuvent avoir reçuës des biens de
ladite défunte, en tenant compte aux Appellans & Intervenans, pour raison d'i-
ceux, d'une somme de sept cens francs,
le surplus demeurant compensé avec ce
qu'elles peuvent lui avoir fourni ou fait
fournir pour ses nourriture, entretien &
médicamens, depuis ledit jour 19 Mars
jusqu'à son décés, & avec les frais qu'elles
peuvent en avoir fait pour la récolte d'i-
ceux ; sans dépens entre les Parties : les
frais & coût du present Arrêt à prendre sur
les effets de ladite Succession. Fait à Nancy ledit jour 23 Janvier 1708.

V iiij

ARREST

DE LA COUR SOUVERAINE

DE LORRAINE ET BARROIS.

Qui juge que les Donations ou avantages faits aux Enfans communs, ne tombent point dans la prohibition de l'Edit des secondes noces.

Du 23 Juin 1714.

VEu par la Cour Souveraine de Lorraine & Barrois, le Procés d'entre Charles Hocquart, Maître Orphevre à S. Nicolas, en qualité d'heritier, & comme representant Marguerite la Traye sa mere; & Claude-Gabriel Bailly, aussi Maître Orphevre, demeurant à Mircourt, au nom & comme Pere & Tuteur d'Augustin & Françoise Bailly, ses enfans mineurs; Dominique Bailly, fils majeur dudit Gabriel Bailly, issus de son mariage avec feuë Marie-Anne la Traye sa femme, Appellans d'une Sentence renduë au Bailliage de Vosges le 19 Juillet dernier, & de tout ce

qui s'en est ensuivi, d'une part ; Maître
Charles-Alexis la Traye, Prêtre-Curé de
Totainville ; le Sieur Claude-André de
Torrés, Ecuyer, Lieutenant de Roy à Fi-
nal, à cause de Dame Marie-Françoise la
Traye son épouse ; Jean la Traye ; Nicolas
Didiot, à cause de Marie la Traye sa femme, Marchands Bourgeois de Mircourt ;
& Nicolas Georget, Maître Chirurgien,
aussi Bourgeois de Mircourt, en qualité de
Tuteur de François Georget son fils, & de
feuë Anne la Traye sa femme, intimez,
d'autre part : Et encore entre ledit Charles Hocquart & ledit Claude Gabriel Bailly, incidemment Appellans d'une autre
Sentence renduë audit Bailliage de Vosges le 20 Décembre 1712, & de tout ce
qui s'en est ensuivi, & Demandeurs, d'une
part ; Claude-François la Traye, Marchand
Tanneur à Vitel, Défendeur d'autre ; &
lesdits Charles Alexis la Traye, André de
Torrés, Jean la Traye, Nicolas Didiot,
& Nicolas Georget, en ladite qualité,
aussi Intimez sur ledit appel incident ; sca-
voir, la Sentence du 19 Juillet dernier,
par laquelle le Decret obtenu des graces
de S. A. R. le 13 Novembre précédent par
les Appellans, a été enteriné ; ce faisant,
les Parties remises en tel état qu'elles é-

toient avant les Contracts de mariage des
31 Juillet 1683, & 16 Novembre 1690;
en conſequence, leur ont été abandon-
nez les 3500 francs de dot, portez en chacun deſdits Contracts, pour leur part &
portion des effets mobiliaires de la premiére communauté, mentionnez dans
l'Inventaire en fait en l'année 1676. ſans
interêt, compenſé les 539 francs un gros
deux blancs, qui leur avenoient à chacun
au par delà des 3500, avec les dettes inexi-
gibles dudit Inventaire; ordonné que ledit Me. la Traye & Conſors abandonne-
roient aux Appellans la moitié des acquêts faits pendant la premiére communauté, & la totalité des anciens, à eux
avenus tant par le décés de Marie Huſſon
leur ayeule & belle-mere, que de celui de
Catherine Henry, femme de Claude Huſſon; compenſé le revenu deſdits biens,
tant d'acquêts que d'anciens, avec les im-
penſes & améliorations qui pouvoient y
avoir été faites: Que les enfans du ſecond
lit de Charles la Traye rapporteroient, ſuivant leurs offres, dans la maſſe de la premiére communauté la moitié de leur dot
de mariage, de même que la moitié des
autres avantages nuptiaux, auſſi ſans interêts; à l'effet de quoy ledit Me. la Traye,

comme Procureur fonde de la Dame de
Torrés sa sœur, representeroit son Contract de mariage dans six semaines : Et en
ce qui regarde la demande formée contre
Nicolas Didiot, au sujet du rapport de
deux sacs d'argent par lui touchez, en affirmant par lui & sa femme qu'ils prove-
noient des 4500 francs à lui promis pour
dot en son Contract de mariage, les Parties mises à cet égard hors de Cour : Que
les frais funeraires de Barbe Hallon, de
même que les habits de deuil délivrez à ses
Heritiers, se prendroient moitié sur sa
communauté, & l'autre sur celle dudit
Charles la Traye : Et en ce qui concerne
le Testament olographe dudit la Traye,
du 14 Juillet 1704, icelui omologué,
pour être suivi & exécuté selon sa forme
& teneur ; & que toutes les charges acquit-
tées, la moitié des effets de la seconde
communauté appartiendroit aux enfans
du second lit ; & l'autre repartagée entre
les huit enfans tant du premier que du second lit, tous dépens compensez ; à la réserve de la vision, qui demeurera à la
charge de l'une & de l'autre Succession par
moitié : ladite Sentence duëment signifiée
à Parties le 24 du même mois de Juillet.
Les Pieces & Productions sur lesquelles

elle eſt intervenuë. Le Relief d'appel, &
Decret au bas, du 21 dudit mois. Exploit
d'intimation donné à Jean la Traye, avec
injonction d'avertir, en datte du 24. ſi-
gné, J. C. Papigny le jeune, Huiſſier audit
Bailliage, bien & duëment contrôllé par
Gaucher à Mircourt le même jour. Acte
de la Barre du 12 Août ſuivant, par lequel
la Cour ſur l'appel principal, a appointé
les Parties à fournir Griefs & Réponſes de
quinzaine à autre, ſignifié le 14. Autre
Sentence dudit Bailliage dudit jour 20
Décembre 1712, par laquelle les Parties
ouïes, enſemble Mᵉ. Dunat Subſtitut, a
été donné Acte de la Déclaration faite par
Claude-Gabriel Bailly, en ladite qualité,
& Charles Hocquart, de vouloir conteſter le Teſtament dont s'agit; & pour y faire droit, la Cauſe continuée à la huitaine,
pour lequel jour les Parties auroient Audience ſur le tout; & Acte donné de la
Déclaration faite par Claude-François la
Traye, & Dominique Bailly, de conſen-
tir à l'exécution du même Teſtament, ſans
préjudice à leurs droits; reconnu pour
l'Exécuteur Teſtamentaire Mᵉ. Dauphin,
au lieu & place de Mᵉ. Vigneron, entre
les mains duquel ſeroient mis les Titres
des biens leguez à la Charité, & des de-

niers, pour execution des Legs pieux, signifié le 31 dudit mois de Décembre.
Requête presentée par les Appellans le
10 Octobre aussi dernier, tendante à ce
qu'il plût à la Cour les recevoir incidemment Appellans de ladite Sentence dudit
jour 20 Décembre 1712, & leur permettre de faire assigner lesdits Claude-
François la Traye, & Dominique Bailly,
en qualité d'enfans du premier lit, en as-
sistance de cause, pour se joindre à eux,
& faire infirmer conjointement la Sentence dudit jour 19 Juillet dernier; & pour
cet effet contribuer aux frais faits & à faire, si mieux n'aimoient abandonner leurs
cottes héréditaires en la Succession dont
s'agit; & en outre ledit Claude-François
la Traye, en son particulier, pour rendre compte des deniers qui lui ont été
mis és mains, pour faire prier Dieu pour
le repos de l'ame de Charles la Traye,
pere & ayeul commun des Parties; &
pour leurs refus & contestations, se voir
condamner aux dépens, tant de Causes
principale que d'appel, actifs & passifs,
sans préjudice de tous autres droits, prétentions, noms, raisons & actions. Decret au bas, dudit jour, par lequel la
Cour les a reçus Appellans; & tant sur

l'Appel que sur les Demandes, **a permis** de faire intimer & assigner qui bon leur semblera. Exploits d'intimations & assignations en consequence, des 7 & 13 Novembre suivant, signez; Louïs Marcol, Huissier audit Bailliage, & D. Basoil, Sergent ordinaire à Vitel, y demeurant, duëment contrôllez ausdits Mircourt & Vitel, par Gaucher & D. Felix les mêmes jours. Acte de Barre du 18 dudit mois de Novembre, par lequel la Cour a appointé les Parties au Conseil sur l'Appel & sur la Demande en droit, & joint; a donné Acte de la déclaration faite par Dominique Bailly fils, qu'il est Appellant tant de la Sentence du 19 Juillet 1713, que de celle du 10 Décembre précédent, & qu'il adhere aux fins desdits Hocquart & Bailly pere; en consequence, a déclaré le present Appointement, ensemble celui dudit jour 12 Août dernier, commun avec lui, & le tout joint. Ledit Appointement signifié le 22. Requête pour les Appellans, employée pour Griefs sur l'appel principal, pour Causes & Moyens d'appel incident, & contenant production nouvelle, & trois piéces y jointes, & Decret au bas, du 20 dudit mois de Novembre, par lequel la Cour a reçu l'ap-

pel incident, sur lequel elle a appointé les
Parties à Conseil, à fournir Causes &
Moyens d'appel & Réponses de huitaine
à autre, & joint : A reçu pareillement la
production nouvelle ; ordonné qu'elle seroit contredite & sauvée dans pareil délai ;
& a donné acte de l'employ, à charge de
signification ; signifié le 25. Requête pour
ledit M^e. Charles-Alexis la Traye, & Consors, servant de Réponses à Griefs, &
contenant production nouvelle, & six
piéces jointes, & le Decret au bas d'icelles,
en datte du 29 Janvier 1714, par lequel
la Cour a reçu ladite production nouvelle, ordonné qu'elle seroit contredite
& sauvée de trois jours à autre ; & donné
Acte de l'employ, à charge de signification : signifié le même jour. Requête pour
Claude-François la Traye, tendante à ce
qu'il fût déclaré follement Intimé ; en
consequence renvoyé de la folle intimation, avec dépens : & protestation que si
dans la suite on prévoit quelques conclusions contre lui, d'y défendre ainsi qu'il
appartiendra ; ladite Requête signifiée le
8 Février. Autre Requête des Appellans,
employée pour réponses, pour contredit
de production nouvelle, & contenant aussi production nouvelle, & trois piéces join-

tes ; & Decret au bas du 10 Mars, par lequel la Cour a reçu ladite production nouvelle ; ordonné qu'elle feroit contredite
& fauvée de trois jours à autres ; & donné
acte de l'employ à charge de fignification ;
fignifié le même jour. Autre Requête dudit M^e. Alexis la Traye, & Confors, fervant de falvation, de production nouvelle, & de contredits de celle faite par les
Appellans, fignifiée le 13 Avril. Requête
d'employ pour ledit Claude-François la
Traye, fignifiée le 24 May. Autre Requê-
te d'employ pour ledit M^e. Alexis la Traye,
& Confors, contenant production nou-
velle, & trois piéces jointes ; & le Decret
au bas, du 16 du prefent mois, portant
que la Cour a reçu ladite production nouvelle, ordonné qu'elle feroit contredite
& fauvée dans le jour péremptoirement,
attendu l'état du procés, & fans retarda-
tion du Jugement d'iceluy ; & donné acte
de l'employ, à charge de fignification ;
fignifié ledit jour 16. Autre Requête des
Appellans, employée pour contredits de
production nouvelle, fignifiée le 18. Autre dudit M^e. Alexis la Traye, & Confors, fervant de falvations de ladite production nouvelle, fignifiée le 19. Autre
Requête d'employ pour ledit Alexis la
Traye

Traye & Confors ; & Decret au bas du 21, portant Acte de l'employ, à charge de fignification ; fignifiée le même jour. Conclufions du Procureur Général. Acte fignifié, portant que le procès étoit diftribué au Sieur Protin Confeiller ; & tout ce qui étoit à voir au contenu de l'Inventaire du Procés, vû & confideré.

LA COUR a mis les Appellations & Sentences dont eft appel, au néant ; émendant, faifant droit fur toutes les demandes & contestations des Parties, ordonne que le Teftament olographe fait par Charles la Traye le 14 Juillet 1704, fera fuivi & exécuté fuivant fa forme & teneur ; en conféquence, qu'il fera mis entre les mains de Claude-François la Traye des deniers en fuffifance, pour l'exécution des Legs pieux y portez, de même que les Titres du Gagnage d'Agécourt, légué à la Chapelle de l'Hôpital de Mircourt, pour être par lui délivrez aux Directeurs dudit Hôpital : Que les frais funeraires dudit Charles la Traye & de Barbe Huffon, & les habits de deuil fournis lors de leurs décés, feront payez fur les effers de la feconde communauté d'entre lefdits Charles la Traye & Barbe Huffon, avant le partage d'icelle : Que les Legs pieux

X

faits par ledit la Traye feront pris fur la part & moitié qui lui appartenoit en ladite communauté. Ayant égard aux Lettres obtenuës le 13 Novembre 1712 par Charles Hocquart, Gabriel Bailly, en la qualité qu'il agit, & Dominique Bailly fon fils majeur, & icelles enterinant, ordonne qu'outre les 3500 francs que ledit Charles la Traye a délivrez à chacun des trois enfans du premier mariage d'entre lui & Marie Huffon, pour leur dot de mariage, il fera parfourni par préciput fur la maffe des effets de ladite feconde communauté, à chacun defdits trois enfans du premier lit; ou aux Reprefentans d'iceux, la fomme de 539 francs un gros deux blancs, pour faire celle de 4039 francs un gros deux blancs, qui avenoit à chacun defdits trois enfans, pour leur tiers en celle de 12117 francs quatre gros huit deniers, faifant le montant de la moitié des effets de la premiere communauté d'entre lefdits Charles la Traye & Marie Huffon leur mere, fuivant l'eftimation & calcul portez en l'Inventaire fait le 24 Juillet 1676, avec les interêts defdites fommes de 539 francs un gros deux blancs, à chacun defdits trois enfans, depuis leur mariage feulement, à prendre pareille-

ment par préciput sur les effets de ladite
seconde communauté ; condamne ledit
Charles-Alexis la Traye & Consors, d'a-
bandonner ausdits trois enfans du premier mariage de Charles la Traye, ou à
leurs representans, la moitié des immeubles acquêtez pendant ladite première
communauté, & la totalité tant des propres de ladite Marie Husson leur mere,
que des autres immeubles à eux obvenus
par le décés de Catherine Henry, femme de Claude Husson leur ayeule, avec
restitution des fruits échus depuis leur
mariage, qui se prendront pareillement
par préciput sur ladite seconde communauté; en faisant néanmoins par eux état
à la même communauté des impenses &
améliorations qui peuvent avoir été faites esdits immeubles depuis le second
mariage dudit Charles la Traye, suivant
qu'elles seront estimées par Experts, dont
les Parties conviendront pardevant le
Substitut du Procureur Général au Bailliage de Vôges, si non en sera par lui
nommé d'Office. Ordonne que les enfans
du second lit dudit Charles la Traye rap-
porteront à la masse de sa succession la
moitié des sommes des autres successions
qu'ils ont reçuës de lui en vertu de leurs

Contracts de mariage , fans interêts néanmoins : A donné Acte aufdits Hocquart
& Bailly de la production faite d'une copie en langue Italienne , du Contract de
mariage de la Dame de Torrés ; condamne Claude-François la Traye de payer fa
cotte-part des dépens actifs , fupportez
par lefdits Hocquart & Bailly en la pre-
fente Inftance , & de rendre compte des
deniers qui lui ont été mis és mains , pour
faire dire des Meffes pour le repos de l'a-
me dudit Charles la Traye ; a renvoyé
Nicolas Didiot de la demande contre lui
formée du rapport de deux facs d'argent
trouvez en la chambre où il réfidoit ,
chez ledit la Traye pere , lors de fon décés , en affirmant par lui & par Marie la
Traye fa femme , qu'ils proviennent des
deniers qui lui ont été donnez par Geor-
ges-François Didiot fon pere , fur la fomme à lui promife par fon Contract de mariage : Et aprés toutes les charges acquit-
tées de la feconde communauté , les effets d'icelle feront partagez en deux parts
par moitié , dont l'une appartiendra aux
enfans du fecond lit dud. Charles la Traye,
& l'autre fera partagée entre les huit enfans , tant du premier lit que du fecond
lit. Et fur le furplus des Demandes , Fins

& Conclusions des Parties , a mis icelles hors de Cour , tous dépens entre elles compensez; à la réserve des épices & coût tant du present Arrêt que de la Sentence du 19 Juillet 1713 , dont est appel, qui se prendront par préciput sur la masse des effets de la seconde communauté. FAIT à Nancy le 23 Juin 1714. *Signé*, Par la Cour , VAULTRIN.

FIN.

X iij

SOMMAIRES.
DES
CHAPITRES.

Fin de la Table des Chapitres.

TABLE
DES MATIERES.

A

B

E

G

H

L

O

Pacto

P

Z

S

T

Fin de la Table des Matieres.